Luisa Schmitt
Ursula Tilsner

Lernplakate gestalten
im Erdkundeunterricht 5/6

Alle Materialien, um Inhalte zu erarbeiten und zu sichern: ästhetisch, motivierend, nachhaltig!

Wir haben uns für die Schreibweise mit dem Sternchen entschieden, damit sich Frauen, Männer und alle Menschen, die sich anders bezeichnen, gleichermaßen angesprochen fühlen. Aus Gründen der besseren Lesbarkeit für die Schüler*innen verwenden wir in den Kopiervorlagen das generische Maskulinum. Bitte beachten Sie jedoch, dass wir in Fremdtexten anderer Rechtegeber*innen die Schreibweise der Originaltexte belassen mussten.

In diesem Werk sind nach dem MarkenG geschützte Marken und sonstige Kennzeichen für eine bessere Lesbarkeit nicht besonders kenntlich gemacht. Es kann also aus dem Fehlen eines entsprechenden Hinweises nicht geschlossen werden, dass es sich um einen freien Warennamen handelt.

1. Auflage 2022
© 2022 Auer Verlag, Augsburg
AAP Lehrerwelt GmbH
Alle Rechte vorbehalten.

Das Werk als Ganzes sowie in seinen Teilen unterliegt dem deutschen Urheberrecht. Der*die Erwerber*in der Einzellizenz ist berechtigt, das Werk als Ganzes oder in seinen Teilen für den eigenen Gebrauch und den Einsatz im eigenen Präsenz- oder Distanzunterricht zu nutzen.

Produkte, die aufgrund ihres Bestimmungszweckes zur Vervielfältigung und Weitergabe zu Unterrichtszwecken gedacht sind (insbesondere Kopiervorlagen und Arbeitsblätter), dürfen zu Unterrichtszwecken vervielfältigt und weitergegeben werden. Die Nutzung ist nur für den genannten Zweck gestattet, nicht jedoch für einen schulweiten Einsatz und Gebrauch, für die Weiterleitung an Dritte einschließlich weiterer Lehrkräfte, für die Veröffentlichung im Internet oder in (Schul-)Intranets oder einen weiteren kommerziellen Gebrauch. Mit dem Kauf einer Schullizenz ist die Schule berechtigt, die Inhalte durch alle Lehrkräfte des Kollegiums der erwerbenden Schule sowie durch die Schüler*innen der Schule und deren Eltern zu nutzen. Nicht erlaubt ist die Weiterleitung der Inhalte an Lehrkräfte, Schüler*innen, Eltern, andere Personen, soziale Netzwerke, Downloaddienste oder Ähnliches außerhalb der eigenen Schule. Eine über den genannten Zweck hinausgehende Nutzung bedarf in jedem Fall der vorherigen schriftlichen Zustimmung des Verlags.

Sind Internetadressen in diesem Werk angegeben, wurden diese vom Verlag sorgfältig geprüft. Da wir auf die externen Seiten weder inhaltliche noch gestalterische Einflussmöglichkeiten haben, können wir nicht garantieren, dass die Inhalte zu einem späteren Zeitpunkt noch dieselben sind wie zum Zeitpunkt der Drucklegung. Der Auer Verlag übernimmt deshalb keine Gewähr für die Aktualität und den Inhalt dieser Internetseiten oder solcher, die mit ihnen verlinkt sind, und schließt jegliche Haftung aus.

Autor*innen: Luisa Schmitt, Ursula Tilsner
Illustrationen: Corina Beurenmeister, Satzpunkt Ursula Ewert GmbH, Steffen Jähde, Kristina Klotz
Satz: Fotosatz H. Buck, Kumhausen
Druck und Bindung: Korrekt Nyomdaipari Kft., Budapest
ISBN 978-3-403-08389-4

www.auer-verlag.de

Inhaltsverzeichnis

Vorwort 5
Methodisch-didaktische Hinweise 6
Methodensteckbrief „Lernplakat" 7
Bewertungsbogen 8
Plakatillustrationen 9

Unsere Erde 11
Das Sonnensystem 11
Ozeane und Kontinente 12
Der blaue Planet 13
Das Gradnetz – Wir orientieren uns 14
Aufbau der Erde 15
Entstehung der Kontinente 16
Plakatkarten 17
Lösungen 18

Deutschland im Überblick 20
Die Bundesländer 20
Großlandschaften 21
Höhenprofil von Norden nach Süden 22
Wasserstraßen 23
Wälder – Deutschlands Mitte 24
Städte 25
Plakatkarten 26
Lösungen 28

Leben an der Küste 31
Zwei deutsche Meere – Nord- und Ostsee 31
Ebbe und Flut 32
Das Wattenmeer und die Inseln der Nordsee 33
Küstenformen der Ostsee 34
Küstenschutz 35
Nutzung und Gefährdung der deutschen Meere 36
Plakatkarten 37
Lösungen 39

Die Alpen 41
Lage der Alpen 41
Höhenstufen der Alpen 42
Verkehrswege über die Alpen 43
Almwirtschaft 44
Gefahren in den Alpen 45
Alpentourismus 46
Plakatkarten 47
Lösungen 48

Inhaltsverzeichnis

In der Stadt ... 50
Was ist eine Stadt? ... 50
Stadtentstehung und -entwicklung (1). ... 51
Stadtentstehung und -entwicklung (2) ... 52
Funktionen einer Stadt. ... 53
Stadtviertel. ... 54
Verkehrsmittel – Wie kommen wir durch die Stadt? ... 55
Wachsende Städte – wachsende Probleme? ... 56
Plakatkarten. ... 57
Lösungen ... 58

Auf dem Land ... 60
Was ist ein Dorf? ... 60
Wohnen auf dem Land. ... 61
Der ländliche Raum als Erholungsraum ... 62
Landwirtschaft – Arbeiten auf dem Bauernhof. ... 63
Ökologische vs. konventionelle Landwirtschaft. ... 64
Spezialisierung in der Landwirtschaft ... 65
Plakatkarten. ... 66
Lösungen ... 68

Unser Kontinent Europa ... 70
Wo liegt Europa? ... 70
Die Europäische Union. ... 71
Mobilität in Europa ... 72
Rohstoffe und Energie aus Meer und Boden ... 73
Sehenswürdigkeiten in Europa. ... 74
Sprachen und Kulturen in Europa ... 75
Plakatkarten. ... 76
Lösungen ... 77

Klimazonen der Erde. ... 80
Welche Klimazonen gibt es? ... 80
Unser Klima – Gemäßigte Zone ... 81
Subtropische Zone ... 82
Tropische Zone ... 83
Subpolare Zone. ... 84
Polare Zone ... 85
Plakatkarten. ... 86
Lösungen ... 87

Vorwort

Das Fach Geografie zeichnet sich durch die Vernetzung vielfältiger Aspekte aus. Innerhalb einer Unterrichtseinheit ist es besonders wichtig, die gelernten Inhalte miteinander zu verknüpfen, um bei den Schüler*innen ein nachhaltiges Lernen zu erzielen. Durch das Erstellen von Lernplakaten soll diese Nachhaltigkeit gefördert werden.

Die vorliegenden Arbeitsblätter dienen als Hilfe, entscheidende Inhalte des Geografieunterrichts zu erarbeiten. Die am Ende eines jeden Themas gestellte Plakataufgabe hält die wesentlichen Inhalte der jeweiligen Sequenz auf einem Plakat fest. Durch die längerfristige Beschäftigung mit dem Plakat und dem jeweiligen Inhalt werden die Schüler*innen feststellen, dass die einzelnen Lernsequenzen einer Unterrichtseinheit zusammenhängen. Diese Vernetzung sorgt für ein längeres Behalten des Lernstoffes.

Die wichtigsten Themen des Faches Geografie in den Klassen 5–6 werden in den vorliegenden Materialien angesprochen, eine zusätzliche Vertiefung ist aber je nach Klassenstufe, Schulform, Schulcurriculum und individueller Zielsetzung angebracht. Die Aufgaben der einzelnen Themen wurden so gewählt, dass sie von den Schüler*innen teilweise auf dem jeweiligen Arbeitsblatt und teilweise als Plakataufgabe bearbeitet werden. Dies hat zum Vorteil, dass die Lernplakate in Partnerarbeit erstellt werden können, aber dennoch vorab individuelle Denkleistungen erfolgen müssen.

Lernplakate können zu unterschiedlichen Zeitpunkten während einer Unterrichtseinheit entstehen:
- am Ende einer Unterrichtsstunde/ -sequenz zu dem jeweils behandelten Thema der Stunde
- am Ende einer Einheit zur Festigung und Wiederholung der gelernten Inhalte
- am Ende eines Schuljahres, um z. B. in Gruppen mehrere behandelte Themen parallel zusammenfassen zu lassen.

Dass am Ende ein Lernprodukt vorliegt, ist für die Schüler*innen dabei ein besonders motivierender Aspekt. Hierzu gehört beispielsweise auch, dass sich die Lernenden die Farbe ihres Plakates selbst aussuchen können. Sollten dunkle Farben gewählt werden, ist es ratsam, die Plakataufgaben auf weißem Papier bearbeiten zu lassen und dieses dann aufzukleben.

Das fertige Lernplakat kann zur Wiederholung des jeweiligen Themas herangezogen werden. Es eignet sich als Vorbereitung für einen Test oder kann – nach vorheriger Absprache der Kriterien mit den Schüler*innen – bei der Bewertung berücksichtigt werden. Die Lernplakate können hierzu als Präsentationsgrundlage genutzt werden, es kann eine „Plakatausstellung" geben oder die Schüler*innen verwenden ihr Plakat als individuelles Hilfsmittel (z. B. bei einer mündlichen Wiederholung).

Wir wünschen Ihnen viel Spaß mit dem vorliegenden Arbeitsheft!

Luisa Schmitt & Ursula Tilsner

Methodisch-didaktische Hinweise

Allgemeine Hinweise

Die Arbeit mit Lernplakaten bietet das Potenzial für eine hohe Motivation der Schüler*innen, jedoch kann diese offene Unterrichtsmethode auch überfordern. Deswegen sollten Sie auf eine genaue Einführung der Methode besonderen Wert legen. Dabei ist es sinnvoll, die einzelnen Arbeitsschritte visuell zu strukturieren (z. B. Tafel, Plakat, Arbeitsblatt). Zudem bietet eine gemeinsame Zusammenführung nach jeder Arbeitsphase die Möglichkeit zum gemeinsamen Austausch sowie zur Reflexion und gibt den Schüler*innen Sicherheit und Beständigkeit. Eventuell kann auch eine kurze Besprechung vor den Arbeitsphasen stattfinden, in der die Lernenden ihr Vorhaben für diese Stunde formulieren. Dabei lernen sie auch, ihr eigenes Arbeiten zu planen.

Haben Sie in den Arbeitsphasen einen Blick darauf, dass keine ungeklärten Fragen entstehen, die Klasse sich nicht in ihren Aufgaben „verliert" und gleichzeitig die zeitlichen Vorgaben einhält.

Wenn die Schüler*innen sich selbst korrigieren sollen, behalten Sie im Auge, dass sie dies auch sauber und ordentlich erledigen. Die Lösungen zu den Aufgaben befinden sich am Ende der jeweiligen Unterrichtssequenz. Die Lösungen zu den Plakataufgaben sind auf dem Foto des jeweiligen Lernplakates im Lösungsteil zu finden.

In den meisten Fällen ist es hilfreich, die allgemeine Sitzordnung für die Arbeitsphasen aufzulösen. Eingerichtete Ruhezonen können sicherstellen, dass sich alle Lernenden möglichst gut auf ihre Aufgaben konzentrieren können.

Das Lernplakat zu erstellen, erfordert von den Schüler*innen eine hohe Planungsfähigkeit, die zunächst gelernt und geübt werden muss. Achten Sie darauf, dass die Klasse die Plakatelemente nicht direkt auf das Plakat klebt, sondern zunächst darauflegt, um überfüllte oder schlecht strukturierte Plakate zu vermeiden. In einzelnen Fällen ist es sinnvoll, auch die Plakatinhalte zunächst zu kontrollieren, damit keine falschen Inhalte auf dem Plakat festgehalten werden.

Es ist davon auszugehen, dass eine heterogene Lerngruppe die Aufgaben unterschiedlich schnell bearbeitet. Legen Sie also schon zu Beginn einen Abgabetermin fest und stellen Sie zusätzliches Arbeitsmaterial für die Schüler*innen bereit, die vorzeitig mit ihrem Plakat fertig werden.

Fachbezogene Hinweise

Die Vergegenwärtigung spielt im Erdkundeunterricht eine wichtige Rolle. Diese kann unter anderem durch Aufgabenformate erreicht werden, die das Hineinversetzen in Personen erfordern. Geben Sie diesen Aufgabenformaten einen hohen Stellenwert, indem Sie die Klasse zum Beispiel während der Zusammenführung vortragen lassen oder lassen Sie sich in den Arbeitsphasen einzelne Ergebnisse vorlesen.

Die Arbeitsblätter arbeiten viel mit Bildern. Achten Sie als Lehrkraft darauf, dass diese von den Schüler*innen Beachtung finden. Greifen Sie beispielsweise einzelne Bilder heraus, die die Lernenden beschreiben. Ein paar Aufgaben erfordern auch das Arbeiten mit Karten und dem Atlas. Hierbei ist es sinnvoll, das Arbeiten mit solchen Quellen im Vorhinein kurz zu wiederholen.

Für die Gestaltung der Lernplakate stehen außerdem allgemeine „Plakatillustrationen" und extra „Plakatkarten" zur Verfügung, die mehrfach kopiert werden können. Für die Präsentation der Ergebnisse und der fertigen Lernplakate bieten sich verschiedene Methoden an (z. B. der Galerierundgang).

Methodensteckbrief „Lernplakat"

Was ist ein Lernplakat?

Auf einem Lernplakat sammelst du deine Arbeitsergebnisse (Texte, Bilder, Fotos usw.) aus verschiedenen Erdkundestunden. Die Reihenfolge, in der du die Bilder oder Texte aufklebst oder etwas aufschreibst, zeigt Zusammenhänge auf. Manchmal zeigt sie auch eine Zeitabfolge oder einen Weg.

Welches Material brauchst du?

- (farbige) Tonkartons (DIN A2 oder DIN A3)
- Schere
- Kleber
- deine Arbeitsergebnisse (von Arbeitsblättern, Bilder oder Fotos usw.)
- Ausschneidevorlagen von verschiedenen Rahmen, Bannern, Fußabdrücken usw. (um Überschriften zu gestalten oder Wege und Abfolgen darzustellen)
- ausgeschnittene Bilder
- eine Prospekthülle

Wie bereitest du dein Lernplakat vor?

In den meisten Fällen kannst du deinen großen Tonkarton einfach so benutzen. Das ist dann sinnvoll, wenn du einen Kreislauf darstellst.

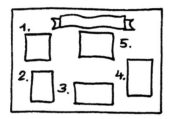

Wenn dein Plakat einen Weg oder eine Zeitabfolge zeigt, kannst du den Tonkarton in der Hälfte auseinanderschneiden und die beiden Hälften aneinanderkleben.

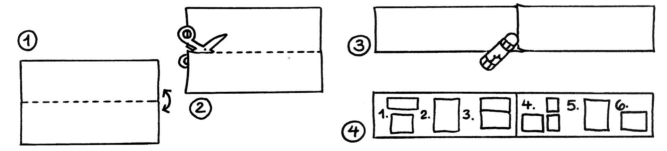

Wie teilst du dein Lernplakat ein?

Zuerst besprecht ihr in der Klasse oder Gruppe, wie viele Teilabschnitte die Plakate bekommen. Mit eurem Lehrer oder eurer Lehrerin teilt ihr ein, wie viel Platz ihr für jeden einzelnen Abschnitt ungefähr braucht. Du kannst das mit einem feinen Bleistiftstrich markieren. Klebe in jeder Stunde die Ergebnisse auf dein Plakat oder klebe alle Arbeitsergebnisse in der letzten Stunde, die du zu einem Thema hast, auf. Dazu ist es sinnvoll, die Ergebnisse in den jeweiligen Unterrichtsstunden zu nummerieren und in einer Prospekthülle zu sammeln.

Bewertungsbogen

Name:							Datum:
Thema:							

Bewertungsbereich		1	2	3	4	5	6	Notizen
Arbeit in der Gruppe / mit dem Partner	Du hast aktiv mitgearbeitet.							
	Du hast dich an die Regeln der Zusammenarbeit gehalten.							
	Du hast konzentriert gearbeitet.							
	Du hast dir deine Zeit gut eingeteilt.							
Inhaltliche Bewertung / Arbeitsblätter	Du hast alle Arbeitsaufträge bearbeitet.							
	Du hast deine Aufgaben mit der Lösung kontrolliert.							
	Deine Arbeitsergebnisse sind inhaltlich korrekt.							
Plakatgestaltung	Du hast einen sinnvollen Aufbau für das Plakat gewählt. (Anordnung der Karten, zusätzliche Gestaltung ...)							
	Du hast das Plakat ansprechend gestaltet.							
	Du hast sinnvolle Überschriften gewählt.							
	Du hast alle wesentlichen Inhalte auf dem Plakat festgehalten.							
	Du hast deine Teilergebnisse in der richtigen Abfolge aufgeklebt.							
	Du hast eigene Ideen und Ergebnisse eingebracht.							
	Du hast lesbar geschrieben.							
	Du hast sorgfältig gearbeitet.							
Präsentation	Du hast dein Plakat strukturiert vorgestellt.							
	Du hast laut und deutlich vorgelesen.							
	Du hast Rückfragen beantwortet.							

Gesamtnote: _____

Plakatillustrationen

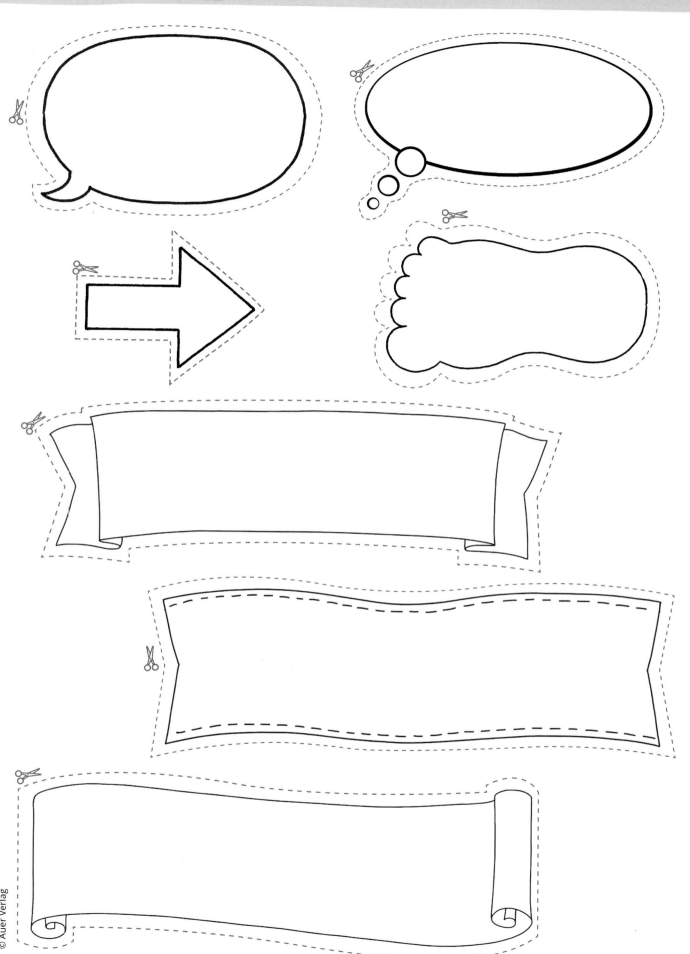

Plakatillustrationen

Plakatillustrationen

Plakatillustrationen

Das Sonnensystem

Unser Sonnensystem ist ein Teil der Galaxie namens „Milchstraße", in der sich noch über 100 Millionen weitere Sterne (= Sonnen) befinden.

Himmelskörper, die sich um eine Sonne drehen, nennt man Planeten. Unser Sonnensystem besteht aus acht Planeten. Nur Merkur und Venus liegen näher an der Sonne als die Erde. Weiter entfernt ist der Mars. Durch den Asteroidengürtel, in dem sich viele Millionen kleiner und kleinster Himmelskörper befinden, sind die bereits genannten Planeten von Jupiter, Saturn, Uranus und Neptun getrennt. Diese vier äußeren Himmelskörper unseres Sonnensystems bestehen hauptsächlich aus Gas.

1 *Beschrifte die Planeten mit den richtigen Namen. Die Sonne befindet sich links von der Abbildung.*

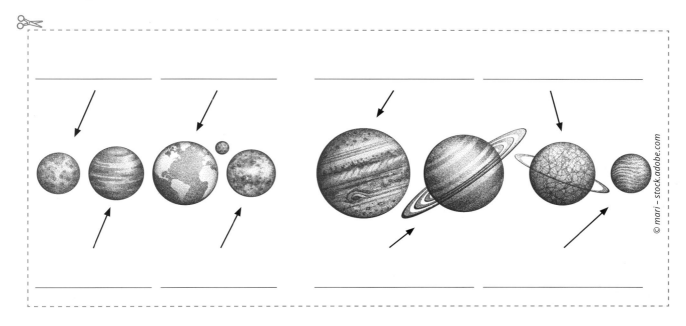

2 *Um sich die Reihenfolge der Planeten unseres Sonnensystems in der richtigen Entfernung zur Sonne zu merken, gibt es einen Merksatz:* **M**EIN **V**ATER **E**RKLÄRT **M**IR **J**EDEN **S**AMSTAG **U**NSEREN **N**ACHTHIMMEL. *Überlege dir einen eigenen Merksatz und notiere ihn.*

_____

_____

_____

_____

_____

Plakataufgaben:

1. Schneide die Abbildung mit den beschrifteten Planeten aus, klebe sie auf dein Plakat und finde eine passende Überschrift.
2. Male links neben die Abbildung eine Sonne.
3. Zeichne den Asteroidengürtel an der richtigen Stelle in der Abbildung ein.
4. Schreibe den Merksatz (selbst ausgedacht oder vorgegeben) unter das Sonnensystem.

Ozeane und Kontinente

1 *Ordne die folgenden Namen der Ozeane und Kontinente unserer Erde den jeweiligen Ziffern in der Abbildung zu. Trage sie richtig in die Tabelle unten ein. Eine Weltkarte in deinem Atlas hilft dir dabei.*

Pazifischer Ozean,
Atlantischer Ozean,
Indischer Ozean,
Nordamerika,
Südamerika,
Afrika,
Europa,
Asien,
Australien

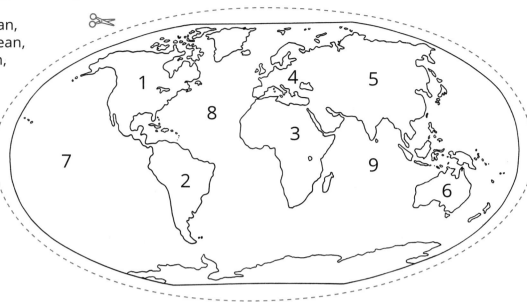

1		6	
2		7	
3		8	
4		9	
5		10	

2 *Wenn du alles richtig zugeordnet hast, stellst du fest, dass ein Kontinent noch nicht beschriftet ist. Beschrifte den fehlenden Kontinent mit der Ziffer 10 und schreibe seinen Namen in die Tabelle.*

3 *Eine Windrose zeigt die verschiedenen Himmelsrichtungen an. Schreibe die Buchstaben für die Himmelsrichtungen (W) Westen, (S) Süden, (NW) Nordwesten und (NO) Nordosten richtig in die leeren Kästchen bei der Windrose.*

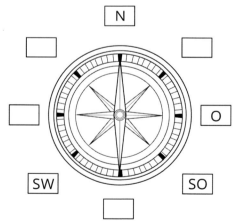

Plakataufgaben:
1. Schneide die Weltkarte und die Tabelle aus, klebe sie zusammen auf dein Plakat und finde eine passende Überschrift.
2. Male daneben eine Windrose und beschrifte sie.
3. Notiere in der Tabelle hinter den einzelnen Kontinenten und Ozeanen, in welcher Himmelsrichtung sich diese von Europa aus gesehen befinden.

Der blaue Planet

Aus dem Weltall betrachtet, leuchtet die Erde blau. Das liegt daran, dass es auf ihr so viel Wasser gibt. Zwei Drittel der Erdoberfläche sind mit Ozeanen und Meeren bedeckt, nur ein Drittel ist Landmasse.

Neben den drei großen Ozeanen gibt es auf der Erde auch Meere, die im Landesinneren liegen oder Teile eines Ozeans sind. Verbinde die verschiedenen Meere mit ihrem dazugehörigen Ozean. Eine Weltkarte in deinem Atlas hilft dir dabei.

Meere   **Ozeane**

- Tasmanischer See
- Nordsee   Pazifischer Ozean
- Rotes Meer
- Golf von Mexiko   Atlantischer Ozean
- Mittelmeer
- Arabisches Meer   Indischer Ozean
- Beringmeer

Plakataufgaben:

1. Schneide das Kreisdiagramm aus und klebe es neben die Weltkarte auf dein Plakat.
2. Finde heraus, welches Segment des Kreisdiagramms zu welchem Kontinent bzw. Ozean gehört. Das Internet kann dir dabei helfen.
3. Beschrifte die einzelnen Kreissegmente mit dem passenden Kontinent bzw. Ozean.

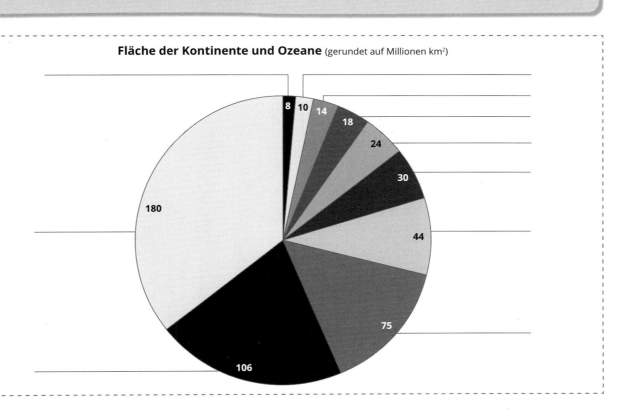

Fläche der Kontinente und Ozeane (gerundet auf Millionen km²)

Unsere Erde

Das Gradnetz – Wir orientieren uns

Um zum Beispiel Schiffe in Seenot auf dem Meer schnell finden zu können, ist ein gutes Orientierungssystem notwendig. Aus diesem Grund ist um die Erde ein gedachtes Netz gespannt. Es besteht aus Breitenkreisen und Längenkreisen.

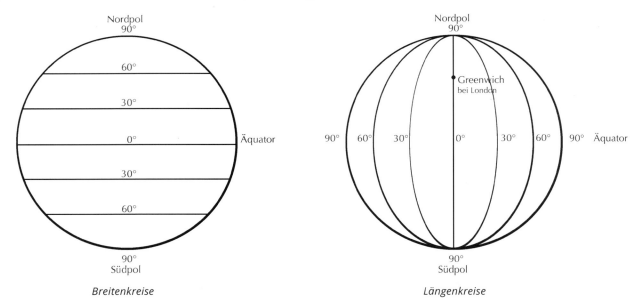

Breitenkreise — *Längenkreise*

Der Äquator ist der Breitenkreis, der die Erde in zwei Halbkugeln unterteilt: die Nordhalbkugel und die Südhalbkugel. Auf ihm hat man 0° Breite festgelegt. Nördlich und südlich des Äquators gibt es jeweils 90 weitere Breitenkreise. Alle sind 111 km voneinander entfernt. Die beiden Pole liegen entsprechend auf 90° nördlicher bzw. südlicher Breite. Anders als bei den Breitenkreisen ändert sich der Abstand der Längenkreise vom Äquator zum Pol hin, er wird kleiner. 0° Länge ist festgelegt in Greenwich, einer kleinen Stadt in der Nähe von London.

Beschrifte die Abbildung unten mit folgenden Begriffen:
Äquator, 0. Längengrad, Südhalbkugel, Nordhalbkugel, Nordpol, Südpol

Plakataufgaben:
1. Schneide die von dir beschriftete Abbildung aus, klebe sie auf dein Plakat und finde eine passende Überschrift.
2. Markiere den Äquator mit einem roten Stift und die beiden Pole mit einem blauen Stift.

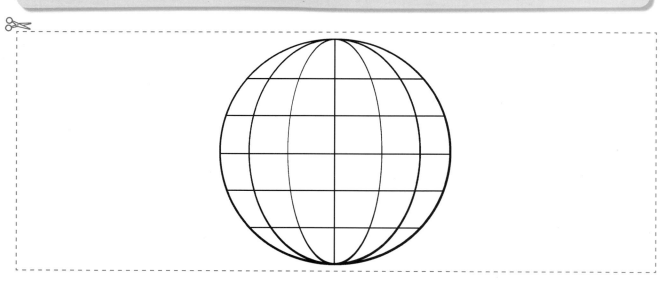

Unsere Erde

Aufbau der Erde

Unsere Erde besteht aus mehreren Schichten. Der Aufbau lässt sich mit einem Pfirsich vergleichen. Das, worauf wir leben, ist die Erdkruste. Sie ist ca. 35 km dick. Im Verhältnis ist die Erdkruste ähnlich dünn wie die Haut des Pfirsichs.

Unter der Kruste befindet sich der Erdmantel (= das „Fruchtfleisch"). Er macht rund zwei Drittel der Erdmasse aus. Der obere Erdmantel ist ca. 400 km dick. Dort ist es bis zu 1 400 °C heiß. Der untere Erdmantel ist ca. 2 300 km dick und besteht aus zähflüssigem Gestein. Die Temperaturen dort können bis zu 2 000 °C erreichen. Der äußere Erdkern (= Kern des Pfirsichs) ist etwa 2 200 km stark und besteht aus dünnflüssigem, geschmolzenem Gestein. Es herrschen dort Temperaturen von bis zu 5 000 °C. Der innere Erdkern ist etwas kleiner als der Mond (ca. 1 300 km). Er ist zwar mit über 6 000 °C noch heißer als der äußere Kern, aber dennoch fest.

Fülle die Tabelle zu den einzelnen Erdschichten aus. Der Text oben hilft dir dabei.

Name	Dicke	Eigenschaften

Plakataufgaben:

1. Schneide die folgende Abbildung aus, klebe sie auf dein Plakat und finde eine passende Überschrift.
2. Beschrifte die Abbildung mit allen wichtigen Informationen.

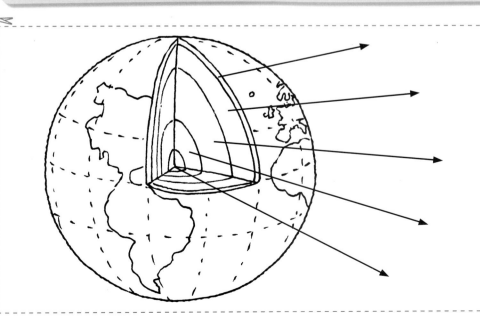

Unsere Erde

Entstehung der Kontinente

Vor etwa 200 Millionen Jahren waren die heutigen Kontinente noch miteinander verbunden. Es gab nur einen einzigen Superkontinent namens Pangäa. Im Jahr 1912 stellte der Wissenschaftler Alfred Wegener fest, dass sich die Kontinente im Laufe der Erdgeschichte langsam auseinanderbewegt haben und immer noch bewegen. Einen Beweis dafür fand er beispielsweise in der äußeren Form der Kontinente Südamerika und Afrika, die wie Puzzleteile ineinanderpassen. Es gab aber auch noch andere Hinweise.

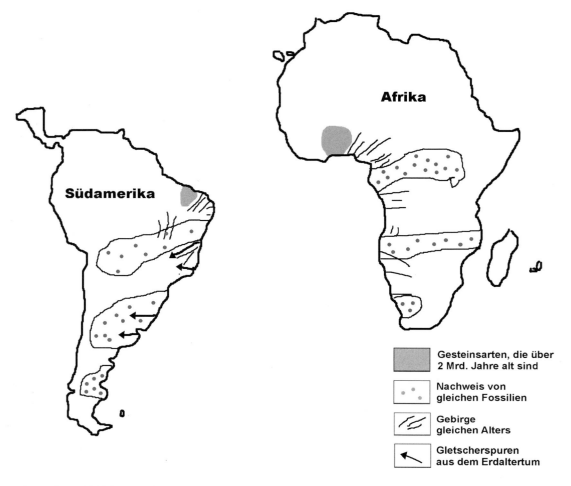

Interpretiere die Abbildung oben und beschreibe, welche Hinweise die Theorie Alfred Wegeners stützen.

_____

_____

_____

Plakataufgaben:

1. Auf den Plakatkarten ist die Bewegung und Entwicklung der Kontinente im Laufe der Erdgeschichte zu erkennen. Schneide die Plakatkarten einzeln aus und sortiere sie dem Alter nach beginnend mit Pangäa.
2. Klebe die Plakatkarten in der richtigen Reihenfolge von links nach rechts auf dein Plakat und finde eine passende Überschrift.
3. Erkläre unter den Karten in 1–2 Sätzen, was darauf zu sehen ist.

Plakatkarten

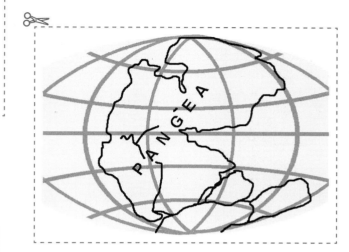

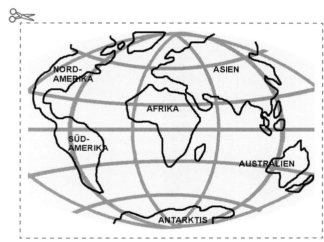

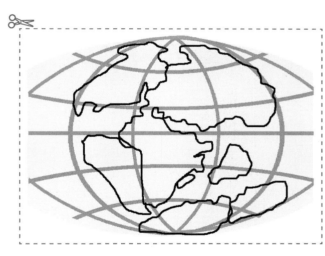

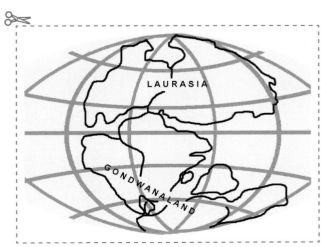

Unsere Erde

Lösungen

So in etwa könnte das Lernplakat aussehen:

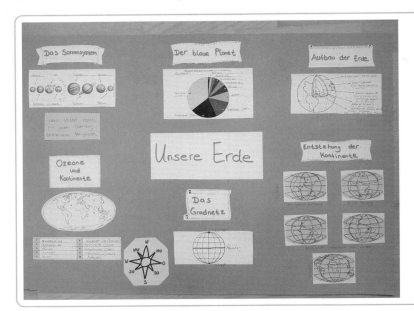

Über diesen QR-Code ist das Foto farbig abrufbar:

Das Sonnensystem

1

Merkur, Erde, Jupiter, Uranus, Venus, Mars, Saturn, Neptun

2 Möglicher Merksatz: Mein Vetter erzählt mir jeden Sonntag urkomische Neuigkeiten.

Ozeane und Kontinente

1 und **2**

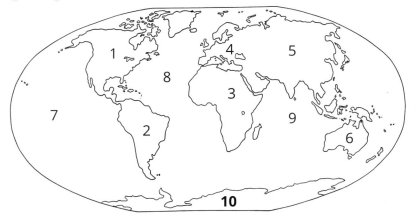

1	Nordamerika
2	Südamerika
3	Afrika
4	Europa
5	Asien
6	Australien
7	Pazifischer Ozean
8	Atlantischer Ozean
9	Indischer Ozean
10	Antarktis

Unsere Erde

Lösungen

3

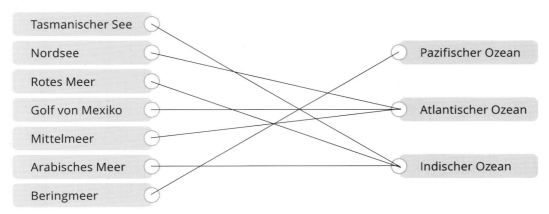

Der blaue Planet

- Tasmanischer See — Indischer Ozean
- Nordsee — Atlantischer Ozean
- Rotes Meer — Indischer Ozean
- Golf von Mexiko — Atlantischer Ozean
- Mittelmeer — Atlantischer Ozean
- Arabisches Meer — Indischer Ozean
- Beringmeer — Pazifischer Ozean

Das Gradnetz – Wir orientieren uns

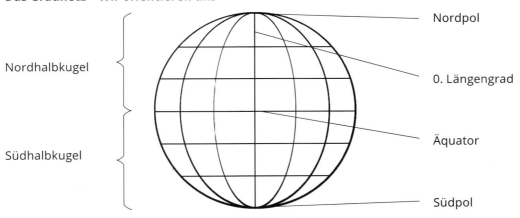

Aufbau der Erde

Name	Dicke	Eigenschaften
Erdkruste	ca. 35 km	im Verhältnis ähnlich dünn wie die Haut eines Pfirsichs
oberer Erdmantel	ca. 400 km	Temperaturen bis zu 1 400 °C
unterer Erdmantel	ca. 2 300 km	besteht aus zähflüssigem Gestein; bis zu 2 000 °C heiß
äußerer Erdkern	ca. 2 200 km	aus dünnflüssigem, geschmolzenem Gestein; Temperaturen bis zu 5 000 °C
innerer Erdkern	ca. 1 300 km	über 6 000 °C heiß; fest

Entstehung der Kontinente

Weitere Hinweise: gleichaltrige Gebirge und Gesteinsarten in Südamerika und Afrika, gleiche Fossilienfunde auf beiden Kontinenten, Gletscherspuren aus dem Erdaltertum

Die Bundesländer

Deutschland ist ein Land mit 16 Bundesländern. Die Hauptstadt ist Berlin. Jedes Bundesland hat seine eigene Regierung. Es gibt drei Städte, die auch Bundesländer sind – die Stadtstaaten.

Schreibe die Namen der Bundesländer und ihre Landeshauptstädte in die Tabelle. Eine Deutschlandkarte in deinem Atlas hilft dir dabei.

	Bundesland	Landeshauptstadt
1		
2		
3		
4		
5		
6		
7		
8		
9		
10		
11		
12		
13		
14		
15		
16		

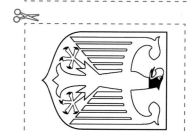

Plakataufgaben:

1. Klebe die Plakatkarte „Deutschland" in die Mitte deines Lernplakates. Male das Bundesland, in dem du lebst, mit einem roten Stift aus.
2. Schneide die Tabelle aus und klebe sie in der Nähe der Karte auf.
3. Finde heraus, welche Farben die deutsche Flagge und der Bundesadler haben. Male sie in den richtigen Farben aus und klebe sie dann ebenfalls auf dein Plakat.

Großlandschaften

Wenn du vom Norden Deutschlands in den Süden reist, siehst du vier verschiedene Landschaften: Norddeutsches Tiefland, Mittelgebirge, Alpenvorland und Alpen.

Beschreibe, was du auf den Bildern siehst. Nutze diese Wörter: schroff, weit, sanfte Hügel, flach, bewaldet, große Flächen, viele Felder, keine Berge, hohe Berge, schneebedeckte Gipfel, Wiesen. Du kannst natürlich auch noch eigene Beobachtungen dazuschreiben.

© Christian Schwier – stock.adobe.com

Norddeutsches Tiefland

_____

_____

_____

© mayonit – stock.adobe.com

Mittelgebirge

_____

_____

_____

© Wolfilser – stock.adobe.com

Alpenvorland

_____

_____

_____

© Piotr Krzeslak – stock.adobe.com

Alpen

_____

_____

_____

Plakataufgaben:

1. Zeichne in die Deutschlandkarte auf deinem Lernplakat die Grenzen der Großlandschaften ein. Eine physische Karte von Deutschland in deinem Atlas hilft dir dabei.
2. Schreibe die Namen der vier Großlandschaften von Norden nach Süden auf die Deutschlandkarte auf deinem Plakat.
3. Male oder klebe neben jede Großlandschaft ein passendes Bild dazu.

Höhenprofil von Norden nach Süden

Aus der Beschreibung der Großlandschaften kannst du erkennen, dass Deutschland von Norden nach Süden hin höher wird.

1 *Arbeite mit einer physischen Deutschlandkarte in deinem Atlas. Wie hoch liegen die folgenden Städte circa (in m)? Die Legende „Landhöhen" auf deiner Atlaskarte und das Internet können dir dabei helfen.*

Kiel: _____

Celle: _____

Göttingen: _____

Nürnberg: _____

München: _____

Garmisch-Partenkirchen: _____

2 *Übertrage die Höhenangaben der einzelnen Städte als Punkte in das Diagramm. Verbinde die Punkte anschließend miteinander.*

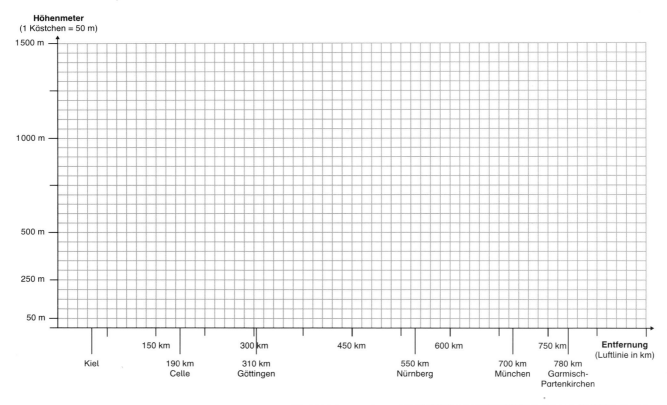

Plakataufgaben:

1. Male neben die Deutschlandkarte auf deinem Plakat einen Farbstreifen, der die unterschiedlichen Höhen der deutschen Großlandschaften verdeutlicht. Nutze dazu als Hilfe die Legende „Landhöhen" in deinem Atlas.
2. Beschrifte den Farbstreifen mit den entsprechenden Höhenmetern aus der Legende.

Deutschland im Überblick

Wasserstraßen

Flüsse werden auch Wasserstraßen genannt, weil sie für Schiffe die gleiche Bedeutung haben wie Straßen für Autos. Um auf einem Fluss zum Beispiel von Norden nach Süden zu gelangen, muss man die unterschiedlichen Höhen der Landschaft überwinden. Dazu gibt es sogenannte Schleusen, die den Höhenunterschied ausgleichen. Sie sind eine Art Aufzug für Schiffe und haben zwei Tore, jeweils eines an jeder Seite.

Kommt ein Schiff aus dem tiefergelegenen Flussteil angefahren, wird ein Schleusentor geöffnet und das Schiff fährt in die Schleuse hinein. Dann wird das Tor geschlossen und Wasser in die Schleusenkammer gepumpt, damit das Wasser (und das Schiff) höher steigen. Ist das Wasser so hoch wie auf der anderen Seite der Schleuse, wird schließlich das zweite Tor geöffnet und das Schiff kann weiterfahren. Das Ganze funktioniert natürlich auch andersherum, wenn ein Schiff aus einem höhergelegenen in einen tiefergelegenen Flussteil will. Dann wird in der Schleusenkammer einfach Wasser abgelassen.

1 *Suche auf einer Deutschlandkarte in deinem Atlas drei wichtige Flüsse heraus. Schreibe sie in die Tabelle und begründe, warum du der Meinung bist, dass der jeweilige Fluss wichtig ist.*

Fluss	Warum ist der Fluss wichtig?

2 *Schaue dir den Verlauf des Rheins an und schreibe auf, durch welche Bundesländer er fließt.*

Plakataufgaben:

1. Zeichne in die Deutschlandkarte auf deinem Plakat den Verlauf der drei von dir gewählten Flüsse aus Aufgabe 1 ein und beschrifte die Flüsse.
2. Schneide die Plakatkarten „Schleuse" einzeln aus und klebe sie mit einer passenden Überschrift auf dein Lernplakat.
3. Erkläre unter jeder Karte mit eigenen Worten, was darauf zu sehen ist.

Wälder – Deutschlands Mitte

Ein Großteil Deutschlands wird von Mittelgebirgen geprägt. Diese sind oftmals dicht bewaldet. Viele der einzelnen Mittelgebirge beinhalten das Wort „Wald" auch schon im Namen.

1 *Suche auf einer Deutschlandkarte in deinem Atlas heraus, welche Mittelgebirge den „Wald" im Namen tragen. Schreibe sie auf.*

_____

_____

Der Wald hat viele unterschiedliche Funktionen für Mensch und Tier. Er dient als Lebensraum, zur Erholung und liefert uns wichtige Rohstoffe.

F	E	R	Z	T	J	L	P	F	G	E	A	X	C	E	G	H	K	L
Q	U	D	F	E	R	H	J	L	B	N	R	G	U	I	D	R	V	X
A	S	D	E	T	B	N	H	T	G	T	K	L	R	C	A	T	D	Z
H	M	Z	T	N	K	G	R	G	E	S	E	T	G	H	B	H	I	K
J	O	G	G	E	N	Y	C	A	F	W	F	T	V	H	K	J	P	A
R	U	J	K	L	E	F	G	T	H	A	D	F	M	Ö	B	E	L	A
F	N	S	D	E	G	R	B	N	F	N	D	F	E	R	S	R	E	G
G	T	X	C	G	R	J	H	M	B	D	F	N	R	N	X	H	J	E
Z	A	H	Z	K	F	Ü	C	H	S	E	U	N	T	C	G	D	F	N
H	I	A	F	E	G	D	K	L	B	R	D	B	N	H	Z	K	H	J
W	N	M	N	D	F	E	G	A	G	N	K	L	F	E	G	N	A	F
F	B	K	P	K	U	H	S	L	U	M	F	J	X	N	G	R	J	M
D	I	S	B	F	R	M	H	H	P	G	U	R	S	G	D	T	E	Z
V	K	A	F	G	S	E	T	S	P	I	E	L	Z	E	U	G	D	H
R	E	H	E	G	H	D	R	Z	A	T	H	D	T	J	I	O	L	D
F	N	O	S	E	F	R	H	A	P	D	K	L	T	P	Z	S	A	T
H	T	G	H	J	R	B	F	U	I	F	J	R	O	G	C	S	G	R
M	E	D	G	W	H	T	J	F	E	F	D	S	S	O	K	G	D	H
A	S	G	E	J	G	F	J	G	R	J	Z	K	J	F	T	O	G	D
S	S	D	A	T	R	H	G	K	L	U	O	F	H	A	F	E	R	R

2 *Suche in dem Suchsel Wörter heraus, die zu den in der Tabelle genannten Funktionen des Waldes passen. Schreibe die Wörter in die jeweils richtige Spalte in der Tabelle.*

Lebensraum für ...	Erholung durch ...	Rohstofflieferant für ...

Plakataufgaben:

1 Zeichne das Mittelgebirge, das deinem Wohnort am nächsten ist, auf der Deutschlandkarte auf deinem Lernplakat ein.

2 Beschrifte das Mittelgebirge und schreibe die Funktion seines Waldes mit einigen Beispielen darunter.

Städte

Die großen Städte in Deutschland haben unterschiedliche Besonderheiten.
In unserer Bundeshauptstadt Berlin ist der Sitz der Bundesregierung, in Hamburgs Containerhafen werden jährlich Millionen Tonnen von Gütern verschifft und in Frankfurt sind viele Banken ansässig. Dresden, Berlin und München bieten kulturelle und historische Sehenswürdigkeiten. In Hannover, Düsseldorf, Frankfurt und Leipzig finden große Messen statt.

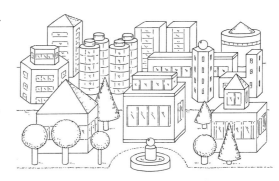

1 Welche Großstadt ist in deiner Nähe? Was ist in dieser Stadt besonders?

_____

_____

2 Suche auf einer physischen Deutschlandkarte in deinem Atlas fünf Städte mit über 100 000 Einwohnern (Großstädte) und fünf Städte mit 20 000–100 000 Einwohnern (Mittelstädte). Trage die Städte in die Tabelle unten ein.

3 Welche Region in Deutschland ist am dichtesten besiedelt? Suche die Region auf der Deutschlandkarte in deinem Atlas und schreibe sie auf.

_____

_____

Plakataufgaben:
1. Trage die Großstadt in deiner Nähe auf der Deutschlandkarte auf deinem Plakat ein und beschrifte sie.
2. Schreibe unter die Beschriftung in Stichpunkten, was du von der Großstadt weißt.
3. Schneide die Tabelle unten aus, klebe sie neben die Stichpunkte auf dein Plakat und finde eine passende Überschrift.

über 100 000 Einwohner	20 000–100 000 Einwohner

Deutschland im Überblick

Plakatkarten

Deutschland

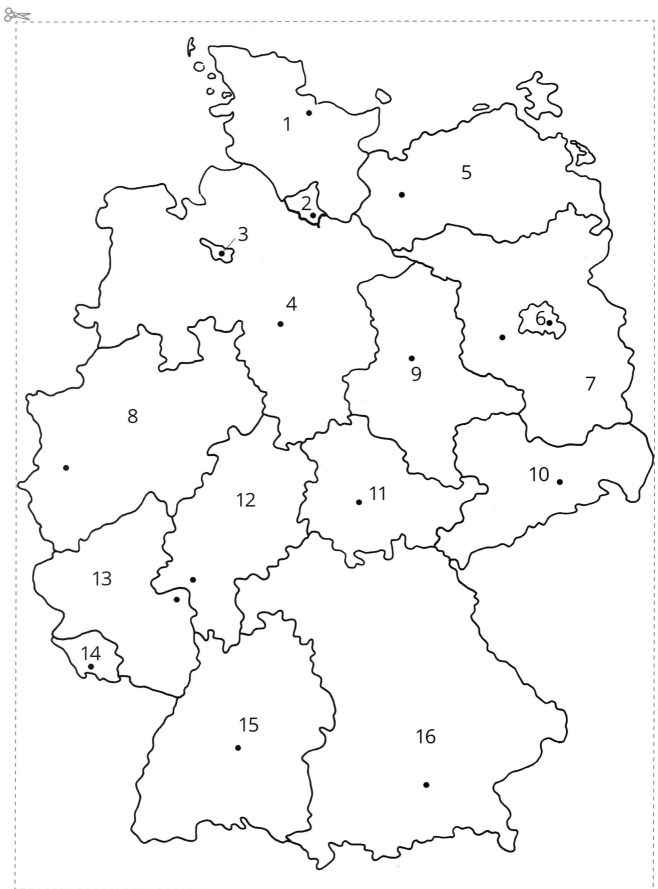

Deutschland im Überblick

Plakatkarten

Schleuse

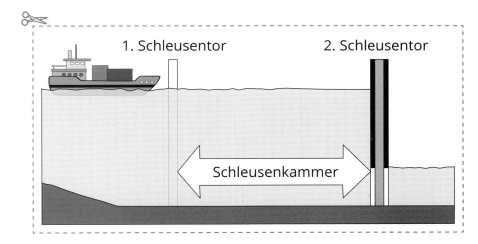

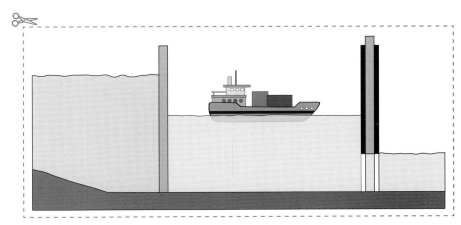

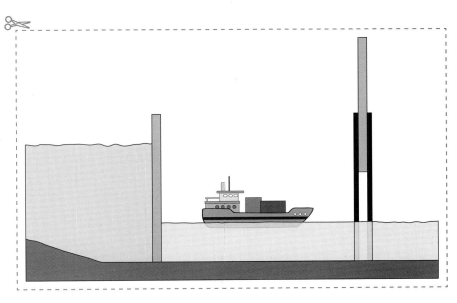

Deutschland im Überblick

Lösungen

So in etwa könnte das Lernplakat aussehen:

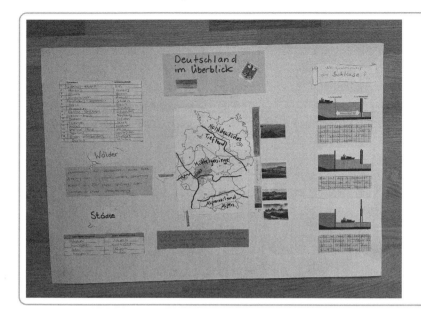

Über diesen QR-Code ist das Foto farbig abrufbar:

Die Bundesländer

	Bundesland	Landeshauptstadt
1	Schleswig-Holstein	Kiel
2	Hamburg	Hamburg
3	Bremen	Bremen
4	Niedersachsen	Hannover
5	Mecklenburg-Vorpommern	Schwerin
6	Berlin	Berlin
7	Brandenburg	Potsdam
8	Nordrhein-Westfalen	Düsseldorf
9	Sachsen-Anhalt	Magdeburg
10	Sachsen	Dresden
11	Thüringen	Erfurt
12	Hessen	Wiesbaden
13	Rheinland-Pfalz	Mainz
14	Saarland	Saarbrücken
15	Baden-Württemberg	Stuttgart
16	Bayern	München

Lösungen

Großlandschaften

© Christian Schwier – stock.adobe.com

flach, große Flächen, viele Felder, weit, keine Berge

© Wolfilser – stock.adobe.com

hohe Berge und schneebedeckte Gipfel im Hintergrund, flach im Vordergrund

© mayonit – stock.adobe.com

bewaldet, sanfte Hügel, Wiesen im Vordergrund

© Piotr Krzeslak – stock.adobe.com

schroff, hohe Berge, schneebedeckte Gipfel, Wald bis etwa zur Hälfte der Berghöhe, Wiesen im Vordergrund

Höhenprofil von Norden nach Süden

1
Kiel: ca. 20 m
Celle: ca. 45 m
Göttingen: ca. 150 m
Nürnberg: ca. 300 m
München: ca. 520 m
Garmisch-Partenkirchen: ca. 710 m

2
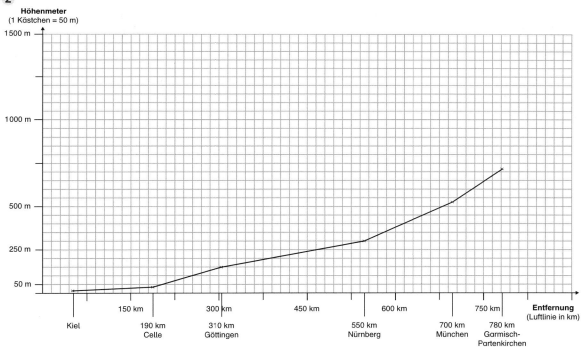

Wasserstraßen

1 Mögliche Flüsse: Rhein – der Fluss ist sehr lang und verläuft durch mehrere Bundesländer; Main – die Stadt Frankfurt am Main liegt an diesem Fluss; Donau – dieser Fluss ist besonders lang und verläuft durch viele europäische Länder; Elbe – fließt durch Hamburg, es werden darauf viele Güter transportiert; Mosel – viele Touristen wollen die zahlreichen Windungen des Flusses sehen

2 Baden-Württemberg, Rheinland-Pfalz, Hessen, Nordrhein-Westfalen

Deutschland im Überblick

Lösungen

Wälder – Deutschlands Mitte

1 Odenwald, Westerwald, Thüringer Wald, Schwarzwald, Bayerischer Wald, Oberpfälzer Wald, Frankenwald, Steigerwald, Pfälzer Wald

2

F	E	R	Z	T	J	L	P	F	G	E	A	X	C	E	G	H	K	L
Q	U	D	F	E	R	H	J	L	B	N	R	G	U	I	D	R	V	X
A	S	D	E	T	B	N	H	T	G	T	K	L	R	C	A	T	D	Z
H	M	Z	T	N	K	G	R	G	E	S	E	T	G	H	B	H	I	K
J	O	G	G	E	N	Y	C	A	F	W	F	T	V	H	K	J	P	A
R	U	J	K	L	E	F	G	T	H	A	D	F	M	Ö	B	E	L	A
F	N	S	D	E	G	R	B	N	F	N	D	F	E	R	S	R	E	G
G	T	X	C	G	R	J	H	M	B	D	F	N	R	N	X	H	J	E
Z	A	H	Z	K	F	Ü	C	H	S	E	U	N	T	C	G	D	F	N
H	I	A	F	E	G	D	K	L	B	R	D	B	N	H	Z	K	H	J
W	N	M	N	D	F	E	G	A	G	N	K	L	F	E	G	N	A	F
F	B	K	P	K	U	H	S	L	U	M	F	J	X	N	G	R	J	M
D	I	S	B	F	R	M	H	H	P	G	U	R	S	G	D	T	E	Z
V	K	A	F	G	S	E	T	S	P	I	E	L	Z	E	U	G	D	H
R	E	H	E	G	H	D	R	Z	A	T	H	D	T	J	I	O	L	D
F	N	O	S	E	F	R	H	A	P	D	K	L	T	P	Z	S	A	T
H	T	G	H	J	R	B	F	U	I	F	J	R	O	G	C	S	G	R
M	E	D	G	W	H	T	J	F	E	F	D	S	S	O	K	G	D	H
A	S	G	E	J	G	F	J	G	R	J	Z	K	J	F	T	O	G	D
S	S	D	A	T	R	H	G	K	L	U	O	F	H	A	F	E	R	R

Lebensraum für …	Erholung durch …	Rohstofflieferant für …
Füchse	Mountainbiken	Papier
Eichhörnchen	Joggen	Spielzeug
Rehe	Wandern	Möbel

Städte

1 Individuelle Lösungen
2 über 100 000 Einwohner: z. B. München, Berlin, Hamburg, Köln, Stuttgart
20 000–100 000 Einwohner: z. B. Kaiserslautern, Bamberg, Schwerin, Göppingen, Tübingen
3 Die Region um Düsseldorf und das Ruhrgebiet in Nordrhein-Westfalen ist am dichtesten besiedelt.

Zwei deutsche Meere – Nord- und Ostsee

Anders als der Name vermuten lässt, liegen beide Meere im Norden Deutschlands, die Nordsee im Nordwesten, die Ostsee im Nordosten.

Nutze eine politische Karte von Europa in deinem Atlas. Schreibe die Nachbarländer der beiden Meere in die Tabelle. Unterstreiche die Länder, die Nachbarn <u>beider</u> Meere sind.

Nordsee	Ostsee

Plakataufgaben:

1. Schneide die Plakatkarten „Nord- und Ostsee" einzeln aus und klebe sie auf dein Lernplakat. Die Nordsee links (Westen) und die Ostsee rechts (Osten).
2. Male die beiden Meere mit einem blauen Stift aus.
3. Schneide auch die Tabelle aus, klebe sie in die Mitte zwischen die beiden Kartenausschnitte und finde eine passende Überschrift.

Leben an der Küste

Ebbe und Flut

Sowohl an der Nordsee als auch an der Ostsee gibt es Gezeiten: Ebbe und Flut.
Durch die Fliehkraft der Erde auf der einen Seite und die Anziehungskraft des Mondes auf der anderen Seite der Erde entstehen große Kräfte. Diese bewirken, dass das Wasser der Meere angezogen wird (= Flut). Dieses Wasser fehlt dann in den dazwischenliegenden Gebieten (= Ebbe).

Trage folgende Begriffe an der jeweils richtigen Stelle in der Abbildung ein: Flut, Ebbe und Anziehungskraft.

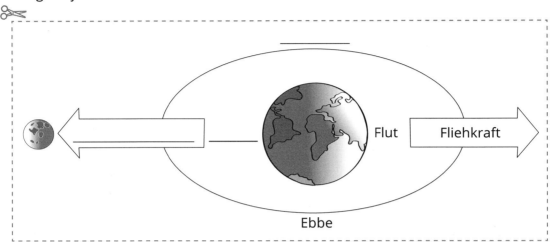

Da sich die Erde einmal am Tag um sich selbst dreht, tritt das Phänomen Ebbe und Flut zweimal am Tag auf. Während der Ebbe können die Schiffe oft nicht auslaufen, da das Wasser zu niedrig ist. Die Fahrpläne müssen an die Gezeiten angepasst werden. Den höchsten Stand des Wassers nennt man Hochwasser, den niedrigsten entsprechend Niedrigwasser. Die Phase, in der das Wasser sich zurückzieht, wird Ebbe genannt, das Wiederauflaufen Flut. Der Abstand zwischen Niedrig- und Hochwasser heißt Tidenhub und wird in Metern gemessen. Ebbe und Flut sind die Gezeiten. Der Wechsel von einem Hochwasser zum nächsten dauert 12 Stunden und 25 Minuten.

Plakataufgaben:

1. Ergänze die folgende Abbildung mit den passenden Fachbegriffen. Der Text oben hilft dir dabei.
2. Schneide die beiden Abbildungen auf diesem Arbeitsblatt aus, klebe sie zusammen auf dein Plakat und finde dafür eine passende Überschrift.

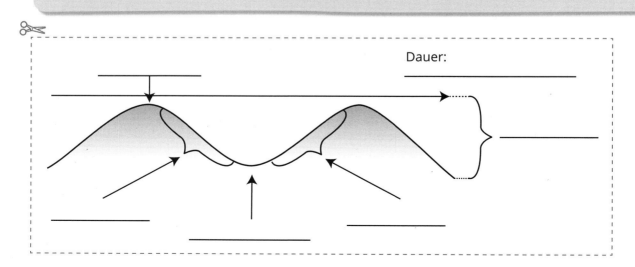

Das Wattenmeer und die Inseln der Nordsee

Das Wattenmeer befindet sich zwischen der Nordseeküste und den davor gelagerten Inseln. Bei Ebbe kann man hier den Meeresboden sehen. Zu einem Großteil ist das Wattenmeer Naturschutzgebiet, da es einer Vielzahl von Lebewesen einen Lebensraum bietet. Bisher wurden dort mehr als 10 000 Tier- und Pflanzenarten nachgewiesen. Mehr als 10 Millionen Zugvögel machen hier im Jahr Halt, um das große Nahrungsangebot des Watts zu nutzen. Dazu zählen auch die „Kleinen Fünf" des Wattenmeeres. Das sind die Herzmuschel, der Wattwurm, die Garnele, die Wattschnecke und die Strandkrabbe. Aber auch Kegelrobben und die seltenen Schweinswale leben im Wattenmeer. Bei einem Urlaub an der Nordsee ist ein Inselaufenthalt besonders beliebt. Zu Deutschland gehören die Ostfriesischen Inseln und die Nordfriesischen Inseln. Die Ostfriesischen Inseln liegen ganz im Westen, aber östlich der Westfriesischen Inseln, die zu den Niederlanden zählen. Die Nordfriesischen Inseln liegen im östlichen Teil der Nordsee.

1 *Schreibe die Namen der Ostfriesischen Inseln von Westen nach Osten und die Namen der Nordfriesischen Inseln von Norden nach Süden auf. Eine physische Karte von Deutschland in deinem Atlas hilft dir dabei.*

Ostfriesische Inseln: _____

_____

Nordfriesische Inseln: _____

2 *Mitten in der Nordsee liegt eine weitere Insel, die zu Deutschland gehört. Sie ist die einzige Hochseeinsel Deutschlands. Notiere auch den Namen dieser Insel.*

_____

Eine Besonderheit der Nordsee sind die Halligen. Es gibt heute noch zehn Halligen im nordfriesischen Wattenmeer. Halligen sind kleine Inseln, die nur wenig geschützt sind und bei Sturmflut überschwemmt werden können (Landunter). Dennoch sind die Inseln zum Teil bewohnt. Die Häuser stehen auf künstlich aufgeschütteten Bergen, den sogenannten Warften.

Plakataufgaben:

1. Male alle Nordseeinseln, die zu Deutschland gehören, auf der Karte auf deinem Lernplakat mit einem roten Stift aus.
2. Nutze deinen Atlas und suche die Halligen. Umkreise die Halligen auf deiner Karte auf deinem Lernplakat mit einem schwarzen Stift.
3. Schneide die Plakatkarten „Tiere des Wattenmeeres" einzeln aus, klebe sie auf dein Plakat und beschrifte jede Karte mit dem Namen des jeweiligen Tieres. Der Text oben hilft dir dabei.

Küstenformen der Ostsee

Zwei unterschiedliche Küstenformen der Ostsee sind die Ausgleichsküste und die Kliffküste.

Die **Ausgleichsküste** zeichnet sich durch einen relativ geraden Küstenverlauf aus. Sie entsteht an der Ostsee durch eine geringe Wassertiefe und viele Buchten. An den Buchtvorsprüngen lagert sich von der Strömung der Ostsee mitgebrachtes Material an. Es entsteht ein Sandhaken (Nehrung), der die Bucht (das Haff) fast komplett vom Meer abtrennt und eine neue Küste bildet.

Beschrifte die Abbildung mit den folgenden Begriffen: Haff, Nehrung und Strömung.

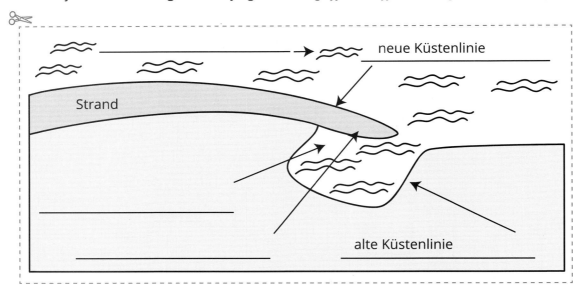

Bei einer **Kliffküste** geht die Küstenlinie nicht allmählich in das Meer über, sondern das Land fällt steil zum Meer hin ab. Unten am Abhang trägt das Meer Material ab. Durch das ständige Auflaufen des Meeres wird schließlich immer mehr Material abgetragen und es entsteht eine Brandungshohlkehle. Die Kliffküste verliert dadurch ihren Halt und Teile stürzen hinunter. Den Teil des Strands, auf den die abgestürzten Steine der Kliffküste fallen, nennt man Blockstrand.

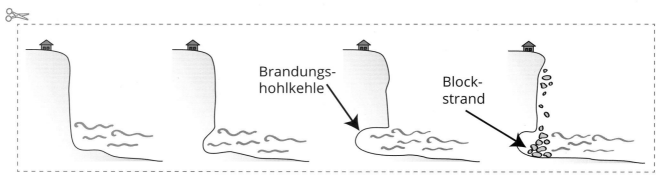

Plakataufgaben:

1. Schneide die beiden obigen Abbildungen aus und klebe sie mit einer passenden Überschrift auf dein Lernplakat.
2. Erkläre die Entstehung der beiden Küsten unter der jeweiligen Abbildung mit eigenen Worten.

Küstenschutz

Um sich einigermaßen vor Sturmfluten zu schützen, werden entlang einer Küstenlinie künstliche Wälle angelegt, die sogenannten Deiche. Das Innere eines Deichs besteht aus einem Sandkern. Darüber kommt eine circa 1–2 m dicke Bodenschicht. Dieser Boden wird aus dem Schlick des Meeresbodens entnommen und heißt „Klei". Daher hat auch dieser Teil des Deichs seinen Namen: Kleischicht. Auf der Oberfläche des Deichs wird eine Grasfläche angelegt. Auf ihr weiden in der Regel Schafe. Der höchste Punkt eines Deichs ist die Deichkrone. Die Seite des Deichs, wo das Wasser ist, ist flacher, damit die Wellen auslaufen können und deren Kraft verringert wird. Auf der zum Land hingewandten Seite ist durch die Deichverteidigungsstraße eine schnelle Anfahrt an den Deich bei Gefahr gewährleistet. In seiner Gesamtausdehnung ist ein moderner Deich etwa 95 m breit.

1 *Erkläre, wozu ein Deich notwendig ist. Der Text oben hilft dir dabei.*

2 *Beschreibe, warum die Seeseite eines Deichs flacher ist als die Landseite.*

Plakataufgaben:

1 „Baue" deinen eigenen Deich. Schneide dazu die einzelnen Bauteile aus und klebe sie richtig auf dein Lernplakat.

2 Beschrifte die einzelnen Teile deines Deichs und finde eine passende Überschrift.

Bauteile eines Deichs:

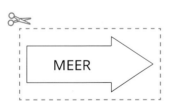
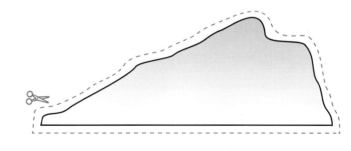
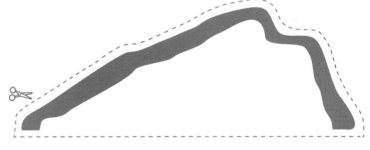
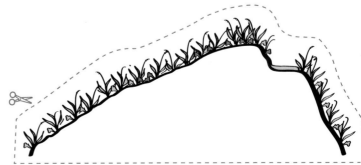

Leben an der Küste

Nutzung und Gefährdung der deutschen Meere

Die deutschen Meere werden von vielen verschiedenen Wirtschaftsbereichen genutzt, wie z. B. zur Erholung, zum Transport von Gütern, zur Fischerei, als Naturschutzgebiet und als Energielieferant durch Windanlagen und Erdölplattformen. Die Meere sind dadurch jedoch auch gefährdet, denn viele Menschen lassen ihren Müll dort liegen, Schiffe verlieren ihre Ladung, es werden zu viele Fische gefangen und Tiere werden bei Ölunfällen getötet.

Verbinde den jeweiligen Wirtschaftszweig (linke Spalte) mit der sich daraus ergebenden Gefährdung für die Nord- bzw. Ostsee (rechte Spalte).

| Vermüllung | Ölpest | verlorene Containerfracht | Überfischung |

| Ölbohrungen | Fischfang | Tourismus | Schifffahrt |

Plakataufgabe:
Schneide die Bilder einzeln aus und klebe die passenden Bilderpaare zusammen auf dein Lernplakat. Beschrifte anschließend jedes Bild mit einem der obigen Begriffe.

Leben an der Küste

Plakatkarten

Nord- und Ostsee

Leben an der Küste

Plakatkarten

Tiere des Wattenmeeres

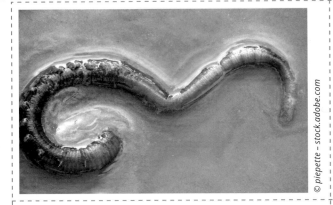
© piepette – stock.adobe.com

© helmutvogler – stock.adobe.com

© eyeblink – stock.adobe.com

© blende11.photo – stock.adobe.com

© Rainer Fuhrmann – stock.adobe.com

© marcohoffmann – stock.adobe.com

© greenpapillon – stock.adobe.com

Lösungen

So in etwa könnte das Lernplakat aussehen:

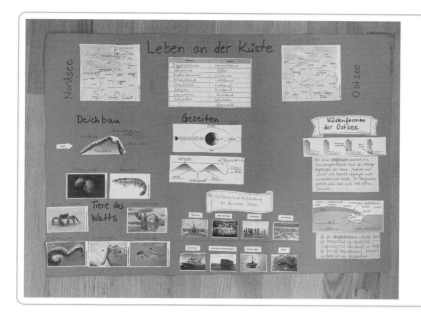

Über diesen QR-Code ist das Foto farbig abrufbar:

Zwei deutsche Meere – Nord- und Ostsee

Nordsee	Ostsee
Deutschland	Deutschland
Dänemark	Dänemark
Großbritannien	Litauen
Niederlande	Lettland
Frankreich	Estland
Belgien	Russland
Norwegen	Finnland
Schweden	Schweden
	Polen

Ebbe und Flut

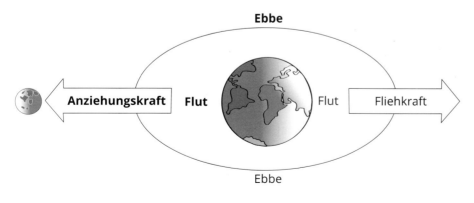

Leben an der Küste

Lösungen

Das Wattenmeer und die Inseln der Nordsee

1 Ostfriesische Inseln: Borkum, Juist, Norderney, Baltrum, Langeoog, Spiekeroog, Wangerooge
Nordfriesische Inseln: Sylt, Föhr, Amrum, Pellworm, Nordstrand
2 Einzige Hochseeinsel Deutschlands: Helgoland

Küstenformen der Ostsee

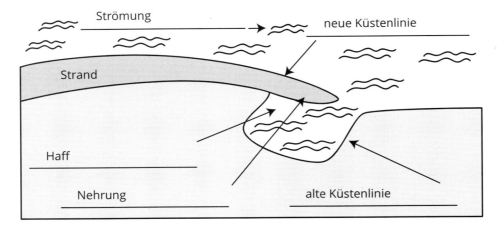

Küstenschutz

1 Ein Deich ist notwendig, um sich vor Sturmfluten und Hochwasser zu schützen.
2 Die Seeseite eines Deichs ist flacher, damit die Wellen auslaufen können und deren Kraft verringert wird.

Nutzung und Gefährdung der deutschen Meere

Leben an der Küste

Lage der Alpen

Die Alpen sind das einzige Hochgebirge Deutschlands. Hochgebirge nennt man Gebirge ab einer Höhe von 1 500–2 000 m. Deutschland hat nur einen geringen Anteil an den Alpen.

1 *Nutze eine physische Karte der Alpen in deinem Atlas und finde heraus, welche Länder einen Anteil an den Alpen haben. Schreibe sie auf.*

_____

_____

2 *Suche im Atlas nach einer Seite, auf der die europäischen Flaggen abgebildet sind. Finde die Flaggen der Länder heraus, die einen Anteil an den Alpen haben. Male die Flaggen in den richtigen Farben aus.*

Plakataufgaben:

1 Schneide die Plakatkarte „Alpen" aus und klebe sie auf dein Lernplakat.

2 Schreibe die Namen der Länder, die einen Anteil an den Alpen haben, an die jeweils richtige Stelle neben die Plakatkarte.

3 Schneide die Flaggen einzeln aus und klebe die jeweils richtige Flagge zum dazugehörigen Land.

Die Alpen

Höhenstufen der Alpen

Mit der Höhe nimmt die Temperatur pro 100 m etwa 0,6 °C ab. Dadurch verändert sich im Hochgebirge auch die Vegetation. Vegetation nennt man die Gesamtheit der Pflanzen, die in einem Gebiet wachsen. Je höher man auf einen Berg steigt, desto weniger Pflanzen findet man. Während im Tal bis ca. 700 m Höhe Obstbäume, Weinreben und Getreide wachsen (Obst- und Rebenstufe), findet man bis zu einer Höhe von etwa 1 500 m hauptsächlich Laub- und Nadelbäume (Mischwaldstufe). Danach ist das Klima für Laubbäume zu kalt. Bis in eine Höhe von etwa 2 100 m sieht man im Wald fast nur noch Nadelbäume (Nadelwaldstufe). Die Stufe bis 2 900 m ist baumlos. Dort gibt es Gräser und Sträucher (Mattenstufe). Die Milchbauern nutzen diese Flächen im Sommer für das Weiden ihrer Kühe. Darüber gibt es kaum noch Vegetation. Diese Höhenschicht besteht aus Felsen, Schnee und Eis (Fels- und Eisstufe).

1 *Schreibe die Namen der Höhenstufen auf die Zeilen rechts von der Abbildung.*

2 *Schreibe die dazugehörigen Höhenmeter in die Kästchen links von der Abbildung.*

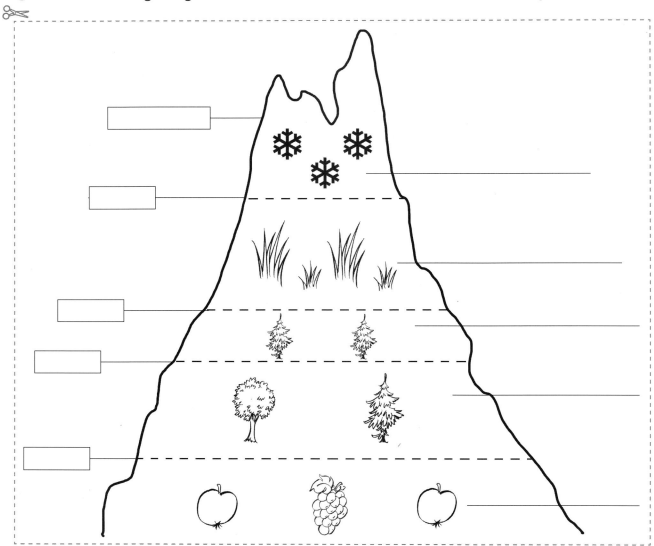

Plakataufgaben:

1. Schneide die obige Abbildung aus, klebe sie auf dein Plakat und finde eine passende Überschrift.
2. Schneide auch die Plakatkarten „Höhenstufen" aus, ordne sie den einzelnen Höhenstufen der Alpen zu und klebe sie an der jeweils passenden Stelle auf dein Plakat.

Verkehrswege über die Alpen

Wenn man von Norden nach Süden (z. B. von Deutschland aus nach Italien) fahren möchte, stellen die Alpen ein großes Hindernis dar. Autos können die Alpen überqueren, indem sie über den tiefsten Punkt am Übergang zwischen zwei Tälern fahren. Dieser Übergang ist ein Pass. Sowohl Züge als auch LKWs haben aber Probleme, die zum Teil steilen Strecken an einem Berg hochzufahren. Daher wurden Tunnel gebaut, die eine Überquerung der Alpen möglich machen und die Fahrstrecke erheblich verkürzen. Der 2016 in Betrieb genommene Basistunnel St. Gotthard ist mit 57 km der längste Eisenbahntunnel der Welt. Er verbindet den Norden der Alpen mit dem Süden.

1 *Suche in deinem Atlas eine physische Karte der Alpen. Notiere drei Gebirgszüge der Alpen, die eine Überquerung von Norden nach Süden erschweren.*

Gebirgszüge: _____

2 *Suche auf deiner physischen Atlaskarte der Alpen drei Pässe, die den Norden der Alpen mit dem Süden verbinden. Nutze dabei die Legende der Karte als Hilfe.*

Alpenpässe: _____

Plakataufgaben:

1. Auf der folgenden Abbildung ist das Sankt-Gotthard-Massiv inklusive seiner Tunnel und Pässe skizziert. Schneide die Abbildung aus, klebe sie auf dein Plakat und finde dafür eine passende Überschrift.
2. Beschreibe unter der Abbildung, welche Strecken du darauf sehen kannst und wie sich die beiden Streckenverläufe unterscheiden.

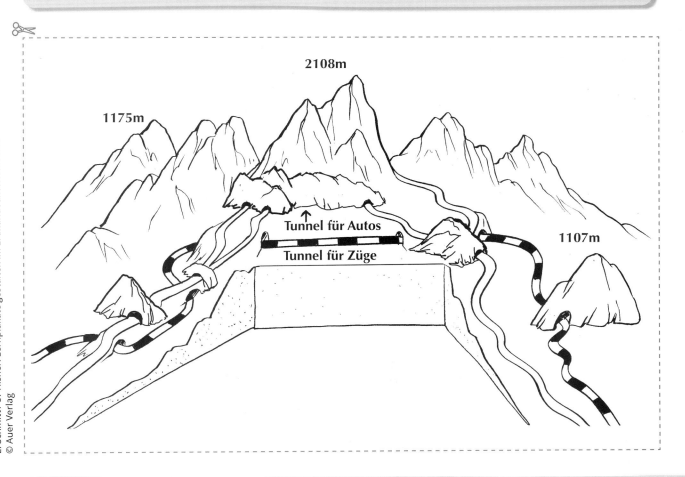

Die Alpen

Almwirtschaft

Den Sommer über können Rinder und Kühe aus dem Tal auf einer Alm leben und auf den großen Flächen der Mattenstufe weiden. Früher gab es auf jeder Alm ausreichend Almhirten, die sich um das Wohl der Tiere kümmerten und deren Milch in Käse und Butter weiterverarbeiteten. Heute werden nur noch wenige Almen wie früher bewirtschaftet. Sie werden nun hauptsächlich touristisch genutzt. Wanderer und Skifahrer können hier essen oder auch übernachten. Der jährliche Almabtrieb im Herbst ist für die Touristen in den Alpendörfern immer noch eine Attraktion. Dabei werden die Tiere mit Blumen und Glocken geschmückt und von den Almen wieder in die Ställe im Tal getrieben. Dort verbringen sie den Winter.

Beschreibe mit eigenen Worten, wie sich die heutige Almwirtschaft im Vergleich zu früher verändert hat.

_____
_____
_____
_____

Plakataufgaben:
1. Schneide die folgenden Bilder aus, die die einzelnen Stadien der Almwirtschaft zeigen. Klebe die Bilder in der richtigen Reihenfolge und mit einer passenden Überschrift auf dein Lernplakat.
2. Beschreibe unter jedem Bild mit eigenen Worten, was du darauf siehst.

Die Alpen

Gefahren in den Alpen

Die Landschaft der Alpen wird schon immer durch Lawinen, Rutschungen, Muren und Felsstürze etc. geprägt. Diese natürlichen Ereignisse können für Wanderer, Kletterer und Skifahrer höchst gefährlich sein.

Ordne die Texte den passenden Bildern zu, indem du sie miteinander verbindest.

Die besondere Gefahr von **Felsstürzen** besteht in ihrem plötzlichen Auftreten und der großen Zerstörung am Einschlagsort.

© Maygutyak – stock.adobe.com

Rutschungen bezeichnen das Abrutschen von Steinmassen oder ganzen Hängen.

© danielkattnig – stock.adobe.com

Bei Hochwasser in einem Gebirgsbach kann es zur Bildung von **Muren** kommen. Sie bestehen aus einem Gemisch aus Wasser, grobem und feinem Schutt oder Schlamm sowie Holz.

© Alexander Reitter – stock.adobe.com

Massen von Schnee oder Eis, die sich von den Berghängen lösen und zu Tal gleiten oder stürzen, nennt man **Lawinen**.

© setsuna – stock.adobe.com

Plakataufgabe:
Schneide die Bilder und ihre dazugehörigen Textteile aus und klebe sie zusammen mit einer passenden Überschrift auf dein Lernplakat.

Die Alpen

Alpentourismus

Die wunderschöne Landschaft und die zahlreichen Möglichkeiten sowohl zu sportlichen Aktivitäten als auch zur Erholung locken jährlich im Sommer wie im Winter viele tausend Besucher in die Alpen.

Welche Freizeitaktivitäten sind in den Alpen im Winter und im Sommer möglich? Trage sie in die Tabelle ein. Das Internet kann dir dabei helfen.

Freizeitaktivitäten im Sommer	Freizeitaktivitäten im Winter

Plakataufgaben:

1. Durch den Tourismus entstehen für die Natur und die Anwohner der Alpen Vor- und Nachteile. Schaue dir die Abbildungen unten an und überlege, ob diese jeweils einen Vor- oder Nachteil darstellen. Schreibe den jeweiligen Vor- bzw. Nachteil auf die dazugehörige leere Zeile.

2. Fertige auf deinem Lernplakat eine Tabelle zu den Vor- und Nachteilen des Alpentourismus an. Schneide dazu die Abbildungen unten einzeln aus und klebe sie in die passende Tabellenspalte auf dein Plakat.

Plakatkarten

Alpen

Höhenstufen

Die Alpen 47

Lösungen

So in etwa könnte das Lernplakat aussehen:

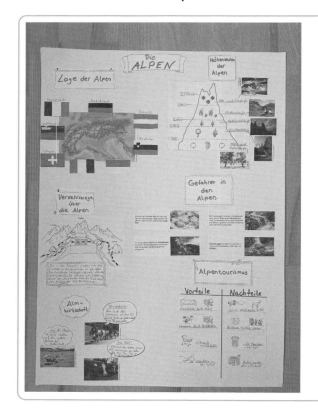

Über diesen QR-Code ist das Foto farbig abrufbar:

Lage der Alpen

1 Österreich, Italien, Frankreich, Schweiz, Deutschland, Slowenien, Liechtenstein, Monaco
2 Lösung siehe Lernplakat

Höhenstufen der Alpen

1 und 2

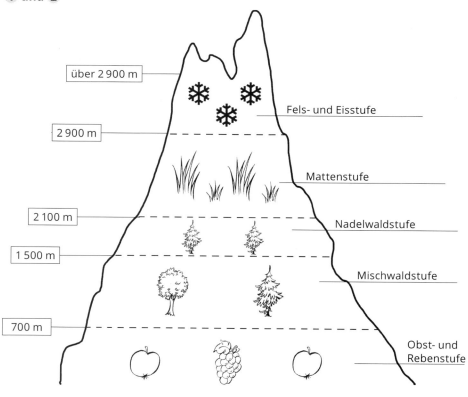

48

Die Alpen

Verkehrswege über die Alpen

1 Gebirgszüge: Allgäuer Alpen, Lechtaler Alpen, Hohe Tauern, Bayerische Alpen, Karwendel, Kitzbüheler Alpen etc.

2 Alpenpässe: Arlbergpass, Reschenpass, Brennerpass, Katschbergpass etc.

Almwirtschaft

Früher wurden Almen hauptsächlich für die Milchwirtschaft genutzt. Almhirten wohnten den Sommer über bei den Tieren, versorgten diese und stellten Milchprodukte her. Heute werden Almen hauptsächlich touristisch genutzt. Man kann beim Wandern oder Skifahren auf einer Alm einkehren oder auch dort übernachten.

Gefahren in den Alpen

Die besondere Gefahr von **Felsstürzen** besteht in ihrem plötzlichen Auftreten und der großen Zerstörung am Einschlagsort.

Rutschungen bezeichnen das Abrutschen von Steinmassen oder ganzen Hängen.

Bei Hochwasser in einem Gebirgsbach kann es zur Bildung von **Muren** kommen. Sie bestehen aus einem Gemisch aus Wasser, grobem und feinem Schutt oder Schlamm sowie Holz.

Massen von Schnee oder Eis, die sich von den Berghängen lösen und zu Tal gleiten oder stürzen, nennt man **Lawinen**.

Alpentourismus

Individuelle Lösungen, z. B.

Freizeitaktivitäten im Sommer	Freizeitaktivitäten im Winter
Wandern	Skifahren
Fahrradfahren	Snowboarden
Klettern	Schneeschuhwandern
	Schlittenfahren

Die Alpen

Was ist eine Stadt?

Eine Stadt ist eine Siedlung mit mehreren Merkmalen. Sie besitzt eine gewisse Größe und Einwohnerzahl und ist meist dicht bebaut. Die Mehrheit der Bevölkerung in der Stadt arbeitet nicht in der Landwirtschaft, sondern in der Industrie, im Handwerk, im Einzelhandel oder in Dienstleistungsberufen. Überdurchschnittlich viele Personen wohnen in Einzelhaushalten oder als Kleinfamilie zusammen. Im Mittelalter konnte ein Herrscher einem Ort Stadtrechte verleihen. Das bedeutete, dass dort ein Markt abgehalten und Recht gesprochen werden durfte.

1 *Welche (sehr) alten Städte kennst du? Notiere sie.*

_____

2 *Schreibe auf die leere Zeile über jedem Bild, welches Merkmal einer Stadt hier jeweils dargestellt wird. Die folgenden Begriffe helfen dir dabei.*

| hohe Bebauungsdichte | hohe Bevölkerungszahl | Arbeit im Einzelhandel |

| Marktrechte | Rechtsprechung | viele Einzelhaushalte oder Kleinfamilien |

_____

© Drobot Dean – stock.adobe.com

© contrastwerkstatt – stock.adobe.com

© Thomas Aumann – stock.adobe.com

© MEV Agency UG, Germany

© Franz Pfluegl – stick.adobe.com

© Michael Schütze – shutterstock.com

Plakataufgabe:

Formuliere mit eigenen Worten eine Definition für den Begriff „Stadt". Schreibe die Definition in die Mitte deines Lernplakates.

In der Stadt

Stadtentstehung und -entwicklung (1)

Zu den besonderen Merkmalen einer Stadt gehört auch eine lange Entstehungsgeschichte. Viele Städte sind im Mittelalter entstanden, haben bestimmte Bedeutungen und lassen schon im Namen erkennen, welche Aufgabe die Stadt früher hatte.

 Städte, die mit „-burg" oder „-berg" enden, haben oft eine Burg, einen Turm oder ein Schloss in der Nähe.

 Städte mit „-furt" am Ende liegen an einem Fluss (Furt = schmale oder flache Stelle eines Flusses, an der man den Fluss überqueren kann).

 Städte mit der Endung „-hafen" haben oder hatten einen Hafen.

 Städte mit „-brück" im Namen liegen an einem Fluss.

 Die Endung „-siel" macht deutlich, dass sich dort eine Deichschleuse (= Siel) befindet.

1 *Suche im Atlas auf einer Deutschlandkarte zu jeder oben genannten Stadt zwei Beispiele heraus. Schreibe sie auf.*

_____

_____

_____

Zu den äußeren Merkmalen einer Stadt zählen beispielsweise eine gewisse Größe, eine geschlossene Ortsform und das Vorhandensein eines Verkehrsknotenpunktes (Autobahn, Bahnhof, Flughafen, Hafen).

2 *Nutze eine Deutschlandkarte in deinem Atlas und suche fünf Städte in Deutschland, die einen Verkehrsknotenpunkt bilden. Schreibe sie auf.*

_____

Plakataufgaben:

1. Schneide die Plakatkarten einzeln aus. Sortiere sie mithilfe der Aussagen auf dem zweiten Arbeitsblatt nach ihrer geschichtlichen Entstehung und klebe sie entsprechend auf dein Lernplakat.
2. Beschrifte die Stadtformen mit ihrem jeweils richtigen Namen. Beschrifte auf den einzelnen Karten auch die Teile der Stadt, die du eindeutig zuordnen kannst.

Stadtentstehung und -entwicklung (2)

Städte haben sich im Laufe der Jahrtausende unterschiedlich entwickelt:

© Jobstock – stock.adobe.com

Eine **römische Stadt** zeichnet sich durch eine quadratische oder rechteckige Form und schachbrettartig angeordnete Straßen aus. Der Marktplatz (das Forum) bildet den Mittelpunkt, in dem sich die beiden Hauptverkehrsachsen der Stadt schneiden. Parallel dazu verlaufen weitere Straßen, in denen sich die Wohnblocks befinden. Um den Marktplatz herum sind Tempel, Markthalle, Gericht und öffentliche Gebäude angeordnet. Umgeben ist die Stadt von einer Stadtmauer mit Stadttoren.

Der Mittelpunkt der **Handels- und Bürgerstadt** im Mittelalter (8.–15. Jahrhundert) ist eine Kirche, ein Kloster, eine Burg, ein Markplatz oder Rathaus. Auf diesen Siedlungsmittelpunkt ausgerichtet sind die Handelsstraßen für Fuhrwerke. Enge, verwinkelte Gassen werden von Tragetieren oder Karren genutzt. Weitere Merkmale sind, dass sich Wohn- und Arbeitsstätte unter einem Dach befinden und es eine Mauer um die Stadt herum gibt (meist mit einem Graben). Von außen sieht die Stadt wie eine Burg aus, daher nennen sich die Einwohner „Bürger".

© acrogame – stock.adobe.com

© Fineart Panorama – stock.adobe.com

Der Mittelpunkt der **Residenzstadt** im Barock (16.–18. Jahrhundert) ist ein Schloss bzw. eine Residenz. Umgeben ist diese Residenz von einer planmäßigen, meist symmetrischen Anlage, deren Hauptachsen auf die Residenz ausgerichtet sind. Auffallend sind die geometrischen Formen der Park- und Gartenanlagen.

In der **Industriestadt** des 19. Jahrhunderts ist der Mittelpunkt der Bahnhof bzw. eine Industrieanlage. Es gibt eine Eisenbahnlinie und das Straßennetz ist rasterförmig angelegt. Weitere typische Merkmale sind Mietskasernen und Villengebiete. Wohnen und Arbeiten sind meist voneinander getrennt, aber noch nah beieinander.

© Ralf Geithe – stock.adobe.com

© Jürgen Fälchle – stock.adobe.com

Der Mittelpunkt der **modernen Stadt** der Gegenwart ist ein Versorgungszentrum mit Verwaltungen, Geschäften, Ärzten und Bildungseinrichtungen etc. Es gibt ein gut strukturiertes Straßennetz und Pendelverkehr. Die Haus- und Wohnformen sind vielfältig. Wohn- und Arbeitsstätten sind oft voneinander getrennt.

Funktionen einer Stadt

In Deutschland gibt es etwa 2 000 Städte. 80 davon gelten als Großstädte mit mehr als 100 000 Einwohnern. Neben der Bereitstellung von Wohnraum und Arbeitsplätzen haben Städte noch weitere Funktionen, um den Bedürfnissen ihrer Bewohner gerecht zu werden.

Überlege dir zu den in der Tabelle genannten Funktionen einer Stadt jeweils drei Beispiele und schreibe sie in die Tabelle.

Funktionen	Beispiele
Verwaltung	
Unterhaltung	
Versorgung	
Bildung	
Infrastruktur	
Erholung	

Plakataufgaben:

1. Schneide die obige Tabelle aus und klebe sie mit einer passenden Überschrift auf dein Lernplakat.
2. Unterstreiche die Funktionen einer Stadt, die für dich persönlich wichtig sind, farbig.

Stadtviertel

Jede Stadt besteht in sich noch einmal aus verschiedenen Stadtteilen mit unterschiedlichen Funktionen. Es gibt Wohngebiete, die Innenstadt (City), Viertel mit Erholungs- und Freizeiteinrichtungen sowie Gewerbe- und Industriegebiete.

Auch innerhalb der Wohngebiete gibt es einzelne Viertel, zwischen denen es aber keine offizielle Grenze gibt. Die Wohnviertel unterscheiden sich oft durch die soziale oder ethnische Struktur ihrer Bewohner.

1 *Welche Versorgungs- und Bildungseinrichtungen sollte es in einem Wohngebiet unbedingt geben? Schreibe sie auf.*

_____

2 *Welche Einrichtungen findet man eher im Stadtzentrum? Notiere auch diese.*

_____

> **Plakataufgaben:**
> **1** Schneide die folgenden Bilder einzeln aus und klebe sie auf dein Lernplakat.
> **2** Schreibe über jedes Bild, welche Art von Stadtteil darauf zu sehen ist. Die folgenden Begriffe helfen dir dabei.

- Wohngebiet
- Innenstadt (City)
- Gewerbe- und Industriegebiet
- Viertel mit Erholungs- und Freizeiteinrichtungen

Verkehrsmittel – Wie kommen wir durch die Stadt?

Verkehr entsteht aus unterschiedlichen Gründen. Zum Personenverkehr gehört der Transport von Menschen durch verschiedene Verkehrsmittel. Dazu zählen Fahrten zur Schule, Universität oder Arbeit. Wege zu Freizeitbeschäftigungen wie zum Sport, ins Kino, um Freunde zu besuchen oder um einzukaufen, zählen ebenfalls zum Personenverkehr. Den Transport von Waren und Gütern nennt man Güterverkehr. Auch hier gibt es unterschiedliche Verkehrsmittel.

Trage in die Tabelle alle Fahrten ein, die du innerhalb einer Woche im Personenverkehr zurücklegst.

Strecke (km)	Grund der Fahrt	Verkehrsmittel	Warum dieses Verkehrsmittel?

Plakataufgaben:

1. Welche Verkehrsmittel für den Personenverkehr und welche für den Güterverkehr kennst du? Fertige dazu auf deinem Lernplakat eine Tabelle an. Die Bilder unten helfen dir dabei.
2. Schneide die abgebildeten Verkehrsmittel zum Personen- und Güterverkehr einzeln aus und klebe sie an der jeweils passenden Stelle zu der Tabelle auf dein Plakat.

In der Stadt

Wachsende Städte – wachsende Probleme?

Je größer eine Stadt wird, desto schwieriger scheint es, ihre Probleme unter Kontrolle zu bekommen. Der Unterschied zwischen den reichen und armen Bewohnern einer Stadt ist oft sehr groß. Das bedeutet, dass es Stadtviertel mit großen Häusern und Villen gibt und solche, in denen die Menschen eng aufeinander zusammenleben müssen.

Die folgenden Satzteile sind durcheinandergeraten. Sortiere sie, indem du sie richtig miteinander verbindest.

1	Immer mehr Menschen wollen die Vorteile		werden die Häuser in die Höhe gebaut.
2	Daher kommt es in vielen Städten		dass viel Verkehr entsteht.
3	Durch den mangelnden Platz für neue Wohnungen		auf engem Raum leben.
4	So können viele Menschen		oftmals zu Stau.
5	Mit den Hochhäusern kommen aber neue Probleme auf die Städte zu:		einer Stadt nutzen und dort leben.
6	Zudem bedeuten viele Menschen auch,		um in Zukunft volle Straßen vermeiden zu können.
7	Dadurch kommt es besonders zu Stoßzeiten		zu einer Wohnungsnot.
8	Die großen Städte bemühen sich daher besonders,		Wo viele Menschen leben, machen sich auch Ratten, Mäuse, Tauben etc. breit.
9	Außerdem werden die Radwege ausgebaut,		den öffentlichen Nahverkehr zu verbessern.

Plakataufgaben:

1 Schneide die folgenden Bilder einzeln aus. Sortiere sie so, dass die oben beschriebene Problematik deutlich wird und klebe sie entsprechend auf dein Plakat.

2 Male Pfeile zwischen die einzelnen Bilder und beschrifte das entstandene Schaubild, um die Zusammenhänge zu verdeutlichen.

Plakatkarten

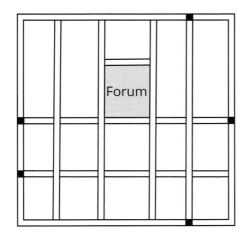
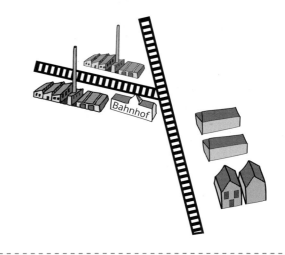
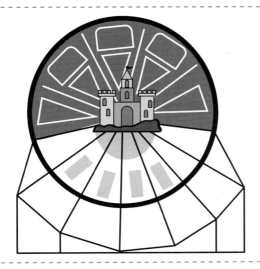
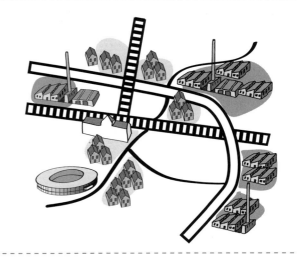
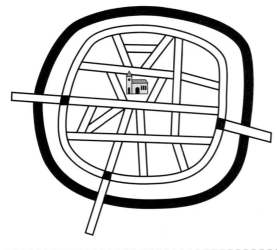

In der Stadt

Lösungen

So in etwa könnte das Lernplakat aussehen:

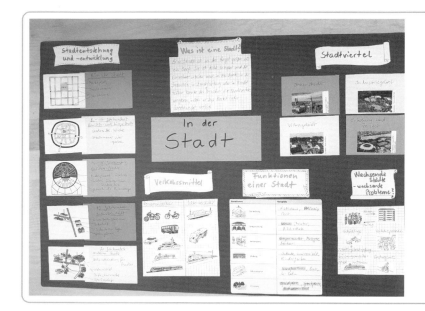

Über diesen QR-Code ist das Foto farbig abrufbar:

Was ist eine Stadt?

1 Individuelle Lösungen, z. B. Köln, Trier, Wiesbaden, Rom, Athen, London, Mainz

2

viele Einzelhaushalte oder Kleinfamilien	Arbeit im Einzelhandel	Marktrechte

© Drobot Dean – stock.adobe.com   © contrastwerkstatt – stock.adobe.com   © Thomas Aumann – stock.adobe.com

Rechtsprechung	hohe Bevölkerungszahl	hohe Bebauungsdichte

© MEV Agency UG, Germany   © Franz Pfluegl – stick.adobe.com   © Michael Schütze – shutterstock.com

Stadtentstehung und -entwicklung

1 Individuelle Lösungen, z. B.: „-burg" oder „-berg": Würzburg, Hamburg; „-furt": Frankfurt am Main, Erfurt; „-hafen": Bremerhaven, Wilhelmshafen; „-brück": Saarbrücken, Osnabrück; „-siel": Harlesiel, Greetsiel

2 Individuelle Lösungen, z. B.: Frankfurt, Düsseldorf, Köln, Berlin, Erfurt, München, Hamburg, Bremerhaven, Rostock, Hannover

Lösungen

Funktionen einer Stadt

Funktionen	Beispiele
Verwaltung	Rathaus, Polizei, Post
Unterhaltung	Kino, Theater, Museum
Versorgung	Supermarkt, Krankenhaus, Arzt
Bildung	Schule, Universität, Kindergarten
Infrastruktur	S-Bahn, Zug, Fähre
Erholung	Schwimmbad, Park, Sportanlage

Stadtviertel

1 Mögliche Versorgungs- und Bildungseinrichtungen in einem Wohngebiet: Bäcker, kleiner Lebensmittelladen, Geldautomat, Kindergarten, Grundschule etc.

2 Mögliche Einrichtungen im Stadtzentrum: Bekleidungs- und Elektronikgeschäfte, Friseur, mehrere Schularten, Kindergarten, Bibliothek, Bank etc.

Verkehrsmittel – Wie kommen wir durch die Stadt?

Individuelle Lösungen

Wachsende Städte – wachsende Probleme?

#			
1	Immer mehr Menschen wollen die Vorteile	→	einer Stadt nutzen und dort leben.
2	Daher kommt es in vielen Städten	→	zu einer Wohnungsnot.
3	Durch den mangelnden Platz für neue Wohnungen	→	werden die Häuser in die Höhe gebaut.
4	So können viele Menschen	→	auf engem Raum leben.
5	Mit den Hochhäusern kommen aber neue Probleme auf die Städte zu:	→	Wo viele Menschen leben, machen sich auch Ratten, Mäuse, Tauben etc. breit.
6	Zudem bedeuten viele Menschen auch,	→	dass viel Verkehr entsteht.
7	Dadurch kommt es besonders zu Stoßzeiten	→	oftmals zu Stau.
8	Die großen Städte bemühen sich daher besonders,	→	den öffentlichen Nahverkehr zu verbessern.
9	Außerdem werden die Radwege ausgebaut,	→	um in Zukunft volle Straßen vermeiden zu können.

Was ist ein Dorf?

Ein Dorf ist eine Ansiedlung von Menschen auf dem Land. Es gibt dort Wohnhäuser und meist auch eine Kirche und einige Geschäfte. Früher bestanden die meisten Dörfer aus Bauernhöfen. Neben landwirtschaftlich geprägten Dörfern gab es auch einige, die sich in anderen Bereichen spezialisiert hatten. So gab es zum Beispiel auch Töpferdörfer oder Glasbläserdörfer.

Schreibe auf die leere Zeile über jedem Bild, welche Art von Dorf hier jeweils dargestellt wird. Die folgenden Begriffe helfen dir dabei.

- Töpferdorf
- Fischerdorf
- Weberdorf
- Glasbläserdorf
- Köhlerdorf
- Flößerdorf

© 9kwan – stock.adobe.com

© Dieter Geppert – stock.adobe.com

© rudolf – stock.adobe.com

© Aleksey – stock.adobe.com

© EdDo – stock.adobe.com

© Sina Ettmer – stock.adobe.com

Heutzutage leben in den meisten Dörfern nur noch relativ wenige Landwirte. Eine Vielzahl der Dorfbewohner sind Pendler, die außerhalb ihres Wohnortes in größeren Ortschaften oder Städten arbeiten. Je nach ihrer Entstehungsart unterscheidet man verschiedene Dorfformen: Reihendörfer entwickelten sich zum Beispiel entlang eines Bachlaufes, Flusses oder Deiches. Straßendörfer entstanden an Handels- oder Durchgangsstraßen. Im Angerdorf wurden die ersten Häuser rund um einen besonderen Mittelpunkt (z. B. den Marktplatz oder die Kirche) errichtet. Das Haufendorf entwickelte sich ohne besonderen Plan und der Name des Rundlings erklärt sich durch seine Form.

Plakataufgaben:

1. Formuliere mit eigenen Worten eine Definition für den Begriff „Dorf". Schreibe die Definition in die Mitte deines Lernplakates.
2. Schneide die Plakatkarten „Dorfformen" einzeln aus und klebe sie auf dein Plakat.
3. Ordne die Karten den im Text beschriebenen Dorfformen zu und beschrifte sie.

Auf dem Land

Wohnen auf dem Land

Das Wohnen auf dem Land bietet heutzutage vielfältige Möglichkeiten. Im Vergleich zur Stadt gibt es auf dem Land beispielsweise weniger Verkehr und mehr verfügbaren Wohnraum.

Lies dir die folgenden Gedankenblasen durch. Male diejenigen Gedankenblasen farbig aus, die deiner Meinung nach zum Wohnen auf dem Land passen. Du kannst auch noch eigene Gedanken ergänzen, die du mit einem Leben auf dem Land verbindest.

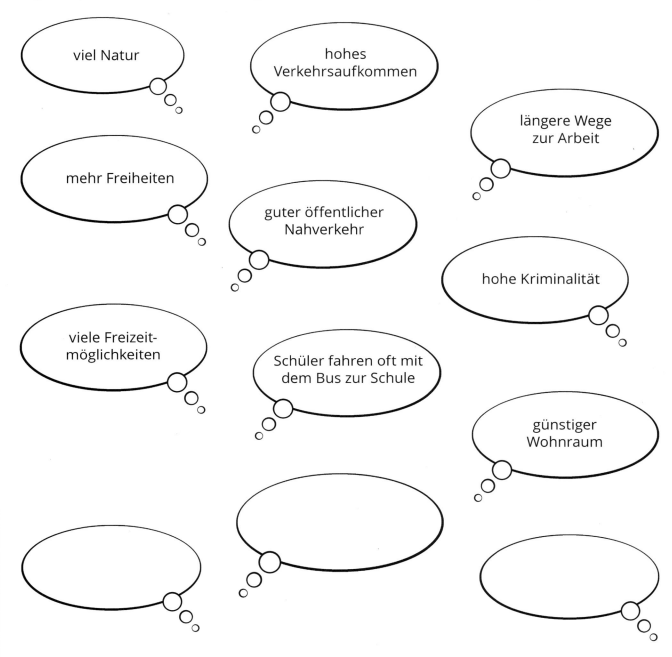

- viel Natur
- hohes Verkehrsaufkommen
- längere Wege zur Arbeit
- mehr Freiheiten
- guter öffentlicher Nahverkehr
- hohe Kriminalität
- viele Freizeitmöglichkeiten
- Schüler fahren oft mit dem Bus zur Schule
- günstiger Wohnraum

Plakataufgaben:

1. Schneide deine angemalten Gedankenblasen aus und klebe sie mit einer passenden Überschrift auf dein Plakat.
2. Ergänze neben jeder Gedankenblase in Stichpunkten eine Begründung, warum diese für dich zum Leben auf dem Land passt.

Auf dem Land

Der ländliche Raum als Erholungsraum

Viele Stadtbewohner fahren zur Erholung und Entspannung aufs Land. Neben der frischen Luft und der Ruhe schätzen sie dort besonders die vielen Freizeitmöglichkeiten, denen man in der Stadt nicht ohne Weiteres nachgehen kann.

1 *Welche Freizeitbeschäftigungen sind hauptsächlich auf dem Land möglich? Tausche dich mit deinem Partner aus und notiert eure Ergebnisse.*

_____

_____

_____

2 *Welche Erholungsmöglichkeiten auf dem Land stellen die folgenden Bilder dar? Finde zu jedem Bild eine passende Bildunterschrift.*

© Maks_Ershov – stock.adobe.com

© ARochau – stock.adobe.com

© Lichtmaler – stock.adobe.com

© blas – stock.adobe.com

© Gemenacom – stock.adobe.com

© ARochau – stock.adobe.com

Plakataufgaben:

1 Notiere alle Freizeitaktivitäten aus Aufgabe 2 auf deinem Lernplakat. Ergänze auch die Freizeitbeschäftigungen, die du mit deinem Partner gesammelt hast, und finde anschließend eine passende Gesamtüberschrift.

2 Zeichne eine der Freizeitmöglichkeiten auf dein Plakat und beschreibe daneben, was ihren Erholungswert im Vergleich zur Stadt ausmacht.

Landwirtschaft – Arbeiten auf dem Bauernhof

Landwirte haben das ganze Jahr über viel zu tun, denn ihre Tiere müssen täglich versorgt werden. Doch auch außerhalb der Ställe gibt es ständig etwas zu tun. Während zu Beginn des Jahres die Reparatur der Maschinen und Büroarbeiten im Vordergrund stehen, geht es ab März wieder hinaus auf die Felder. Dort müssen die Böden zum Beispiel für die Aussaat von Zuckerrüben vorbereitet werden. Im April kann der Bauer schließlich Kartoffeln anpflanzen. Von Mai bis Juni werden die Anbauflächen

© Jan Jansen – stock.adobe.com

des Getreides mit Dünger behandelt, um eine möglichst ertragreiche Ernte zu garantieren. Ab Juli beginnt je nach Region die Getreideernte, wobei die Gerste zuerst reif ist.
Im darauffolgenden Monat kann schließlich Weizen und Raps geerntet werden. Die abgeernteten Flächen müssen dann so schnell wie möglich bearbeitet werden, damit weitere Fruchtarten gesät werden können. So muss Raps beispielsweise bis Ende August angepflanzt werden. Im September startet dann die Kartoffel- und Rübenernte. Dabei kommen besondere Maschinen zum Einsatz. In diesem Monat werden auch die abgeernteten Flächen bearbeitet, um Weizen und Gerste auszusäen. Außerdem verkauft der Landwirt sein Getreide.
Im Oktober werden Kartoffeln und Rüben geerntet und die Flächen anschließend bearbeitet, um nachfolgende Fruchtarten säen zu können. Wichtig ist dabei, dass die Felder nicht einseitig beansprucht werden. Deshalb werden die Nutzpflanzen im Wechsel angebaut. Wenn im ersten Jahr zum Beispiel Getreide angesät wird, können im zweiten Jahr Zuckerrüben oder Raps angepflanzt werden. Der Landwirt arbeitet also nach einer sogenannten Fruchtfolge. Außerdem werden in diesem Monat die neu bestellten Felder mit Pflanzenschutzmitteln behandelt, um sie vor Läusen und Pilzen zu schützen. Im November geht die Arbeit auf dem Feld schließlich zu Ende. Die letzten Felder werden mit neuen Fruchtarten bestellt. Im Dezember beginnen dann verstärkt die Bürotätigkeiten des Landwirts.

Lege in deinem Heft einen Monatskalender mit den Aufgaben eines Landwirts an. Der Text oben hilft dir dabei.

Beispiel:

Monat	Aufgaben eines Landwirts
Januar	
Februar	

Plakataufgaben:
1. Schneide die Plakatkarten „Nutzpflanzen" einzeln aus. Ordne den Bildern die passenden Texte zu.
2. Klebe die Kartenpaare in einer möglichen Fruchtfolge auf dein Lernplakat.
3. Beschrifte die Nutzpflanzen mit ihrem jeweiligen Namen und finde eine passende Gesamtüberschrift.

Ökologische vs. konventionelle Landwirtschaft

Bei der ökologischen Landwirtschaft sind der Erhalt von Boden und Wasser besonders wichtig. Deshalb stehen umweltgerechte Verfahren (z. B. biologischer Pflanzenschutz, Einsatz natürlicher Düngemittel) sowie eine artgerechte Tierhaltung im Vordegrund. Unter einer tiergerechten Haltung versteht man ausreichend Platz, damit sich die Tiere bewegen können, und Tageslicht in den Ställen. Ebenso dürfen die Tiere nicht mit industriellen Futtermitteln versorgt werden. Das Tierfutter wird selbst produziert. Das Besondere an der ökologischen Landwirtschaft ist der geschlossene Betriebskreislauf. Das bedeutet, dass biologische Landwirte alles, was sie für den Betrieb ihrer Höfe benötigen, selbst anbauen oder erzeugen sollten. Bei der konventionellen Landwirtschaft werden mit viel Maschineneinsatz große Mengen zu niedrigen Preisen produziert. Das gilt auch für die Tierhaltung. Hier wird meist Massentierhaltung betrieben, d. h. sehr viele Tiere müssen sich sehr wenig Raum teilen. Damit die Tiere gesund bleiben, bekommen sie Medikamente. Außerdem kommen bei der konventionellen Landwirtschaft industrielle Futtermittel und chemische Pflanzenschutzmittel zum Einsatz.

© Jürgen Nickel – stock.adobe.com

Lies dir den obigen Text durch. Markiere Kriterien für die ökologische Landwirtschaft mit einem grünen Stift und Kriterien für die konventionelle Landwirtschaft mit einem blauen Stift.

Plakataufgaben:

1. Ordne die im Text markierten Kriterien für die ökologische und die konventionelle Landwirtschaft in die Tabelle ein.
2. Schneide die Tabelle aus und klebe sie mit einer passenden Überschrift auf dein Lernplakat.

Ökologische Landwirtschaft	Konventionelle Landwirtschaft

Spezialisierung in der Landwirtschaft

Während früher jeder Landwirt viele verschiedene Tiere gehalten und unterschiedliche Pflanzen angebaut hat, haben sich heute die meisten Landwirte auf besondere Nutzpflanzen (Monokulturen) wie zum Beispiel Wein, Hopfen, Tabak, Zuckerrüben etc. oder auf besondere Tierarten wie zum Beispiel Schweine- oder Hühnerzucht spezialisiert.

1 *Ergänze die Tabelle, indem du aufschreibst, welche Pflanzen im jeweiligen Gebiet angebaut oder welche Tierarten dort gezüchtet werden. Eine Landwirtschaftskarte von Deutschland in deinem Atlas hilft dir dabei.*

Gebiet	Nutzpflanzen / Tierarten
nördlich des Teutoburger Waldes (im Nordwesten Deutschlands)	
Mecklenburgische Seenplatte (im Nordosten Deutschlands)	
Magdeburger Börde (nördlich des Harzes)	
Rheinhessen (südlich von Mainz)	
Hallertau (nördlich von München)	
Bodensee	

2 *Die folgenden Satzteile sind durcheinandergeraten. Sortiere sie, indem du sie richtig miteinander verbindest.*

1	Im Vergleich zum Fruchtwechsel werden bei der Spezialisierung auf ein Produkt
2	Dem Boden werden ständig die gleichen Nährstoffe entzogen,
3	Da durch die Spezialisierung weniger unterschiedliche Arbeiten verrichtet werden müssen,
4	Das Risiko dieser Monokultur ist allerdings
5	Außerdem sind Monokulturen

sodass Düngemittel eingesetzt werden müssen.
empfindlicher für Wetterextreme (z. B. Dürre, Gewitter, Sturm).
eine hohe Anfälligkeit für Krankheiten.
die Anbauflächen einseitig beansprucht.
benötigt der Landwirt auch weniger unterschiedliche Arbeitsgeräte.

Plakataufgabe:

Schreibe die obigen Sätze richtig sortiert auf dein Plakat und finde dafür eine passende Überschrift.

Plakatkarten

Dorfformen

© peteri – stock.adobe.com

© Falko Göthel – stock.adobe.com

© Christian Schwier – stock.adobe.com

© Andrea – stock.adobe.com

© bbsferrari – stock.adobe.com

Plakatkarten

Nutzpflanzen

© coco – stock.adobe.com

© Bits and Splits – stock.adobe.com

© juliasudnitskaya – stock.adobe.com

© Nitr – stock.adobe.com

Dieses Getreide ist eine bis zu 2,5 m hohe Grasart mit Rispe und Kolben. Sie ist eine wärmeliebende Pflanze, die regelmäßige Niederschläge benötigt und mit viel Düngung auch auf schwächeren Böden sehr gut wächst. Sie wird als unreife, ganze Pflanze auch zu Grünfutter verarbeitet.

Dieses Getreide ist ein 1,7 m hohes Ährengras, das meist keine Grannen besitzt. Das Saatgut wird entweder im Herbst oder im Frühjahr ausgesät. Der Boden sollte nährstoffreich und wasserspeichernd sein. Günstig sind warme Sommer ohne starke Niederschläge. Diese Pflanze ist das wichtigste Brotgetreide in Deutschland.

Diese Pflanze ist eine bis zu 1 m hohe Nutzpflanze. Ihre grünen, oberirdischen Pflanzenteile enthalten einen giftigen Stoff, während die unterirdischen, stärkehaltigen Knollen essbar sind. Die Pflanze ist relativ anspruchslos. Sie wird auch als Tierfutter und zur Stärkeherstellung verwendet. Die vitamin- und mineralstoffreiche Hackfrucht ist ein vielfältiges Nahrungsmittel auf unserem Speisezettel.

Diese Pflanze zählt zu den Hackfrüchten. Sie ist sehr anfällig für viele Erkrankungen (z. B. Blattläuse). Als Industriepflanze wird sie vor allem für die Herstellung eines Süßungsmittels angebaut. Die Frucht und ihre Blätter dienen aber auch als wertvolles Tierfutter.

Lösungen

So in etwa könnte das Lernplakat aussehen:

Über diesen QR-Code
ist das Foto farbig abrufbar:

Was ist ein Dorf?

(von links nach rechts): Fischerdorf, Flößerdorf, Glasbläserdorf, Töpferdorf, Weberdorf, Köhlerdorf

Wohnen auf dem Land

Individuelle Lösungen, z. B.: viel Natur, viele Freizeitmöglichkeiten, längere Wege zur Arbeit etc.

Der ländliche Raum als Erholungsraum

1 Individuelle Lösungen
2 Mögliche Bildunterschriften, z. B. Bild 1: Zelten am Fluss; Bild 2: Ausritt in den Bergen; Bild 3: Baden am See; Bild 4: Mountainbiken im Wald; Bild 5: Wanderung mit der Familie; Bild 6: Fahrradtour im Grünen

Landwirtschaft – Arbeiten auf dem Bauernhof

Monat	Aufgaben eines Landwirts
Januar	Maschinen reparieren, Büroarbeit
Februar	Maschinen reparieren, Büroarbeit
März	Böden vorbereiten, Zuckerrüben aussäen
April	Kartoffeln anpflanzen
Mai	Anbauflächen des Getreides mit Dünger behandeln
Juni	Anbauflächen des Getreides mit Dünger behandeln
Juli	Beginn der Getreideernte, Gerste ernten
August	Weizen- und Rapsernte, abgeerntete Flächen bearbeiten, Raps anpflanzen
September	Kartoffel- und Rübenernte, abgeerntete Flächen bearbeiten, Weizen und Gerste ansäen, Getreide verkaufen
Oktober	Kartoffel- und Rübenernte, abgeerntete Flächen bearbeiten, Felder mit Pflanzenschutzmittel behandeln
November	letzte Felder mit neuen Fruchtarten bestellen
Dezember	Bürotätigkeiten

Lösungen

Ökologische vs. konventionelle Landwirtschaft

_____ = konventionelle Landwirtschaft; _____ = ökologische Landwirtschaft

Bei der ökologischen Landwirtschaft sind der <u>Erhalt von Boden und Wasser</u> besonders wichtig. Deshalb stehen umweltgerechte Verfahren (z. B. <u>biologischer Pflanzenschutz, Einsatz natürlicher Düngemittel</u>) sowie eine artgerechte Tierhaltung im Vordegrund. Unter einer tiergerechten Haltung versteht man <u>ausreichend Platz</u>, damit sich die Tiere bewegen können, und <u>Tageslicht in den Ställen</u>. Ebenso dürfen die Tiere <u>nicht mit industriellen Futtermitteln</u> versorgt werden. Das <u>Tierfutter wird selbst produziert</u>. Das Besondere an der ökologischen Landwirtschaft ist der geschlossene Betriebskreislauf. Das bedeutet, dass biologische Landwirte alles, was sie für den Betrieb ihrer Höfe benötigen, selbst anbauen oder erzeugen sollten. Bei der konventionellen Landwirtschaft werden <u>mit viel Maschineneinsatz große Mengen zu niedrigen Preisen produziert</u>. Das gilt auch für die Tierhaltung. Hier wird meist Massentierhaltung betrieben, d. h. <u>sehr viele Tiere müssen sich sehr wenig Raum teilen</u>. Damit die Tiere gesund bleiben, <u>bekommen sie Medikamente</u>. Außerdem kommen bei der konventionellen Landwirtschaft <u>industrielle Futtermittel und chemische Pflanzenschutzmittel zum Einsatz</u>.

Spezialisierung in der Landwirtschaft

1

Gebiet	Nutzpflanzen / Tierarten
nördlich des Teutoburger Waldes (im Nordwesten Deutschlands)	Schweine, Hühner, Rinder
Mecklenburgische Seenplatte (im Nordosten Deutschlands)	Raps
Magdeburger Börde (nördlich des Harzes)	Zuckerrüben, Kartoffeln
Rheinhessen (südlich von Mainz)	Wein, Obst
Hallertau (nördlich von München)	Hopfen
Bodensee	Obst, Wein

2

#		
1	Im Vergleich zum Fruchtwechsel werden bei der Spezialisierung auf ein Produkt	sodass Düngemittel eingesetzt werden müssen.
2	Dem Boden werden ständig die gleichen Nährstoffe entzogen,	empfindlicher für Wetterextreme (z. B. Dürre, Gewitter, Sturm).
3	Da durch die Spezialisierung weniger unterschiedliche Arbeiten verrichtet werden müssen,	eine hohe Anfälligkeit für Krankheiten.
4	Das Risiko dieser Monokultur ist allerdings	die Anbauflächen einseitig beansprucht.
5	Außerdem sind Monokulturen	benötigt der Landwirt auch weniger unterschiedliche Arbeitsgeräte.

Wo liegt Europa?

Der Kontinent, auf dem wir leben, heißt Europa. Er liegt auf der Nordhalbkugel unserer Erde und besteht aus 47 Ländern. Die zahlreichen Inseln und Halbinseln sowie Meere und Meeresbuchten geben dem europäischen Kontinent seine typische Form. Im Norden, Süden und Westen sind die Grenzen Europas durch die Meere leicht zu finden. Im Osten grenzt Europa direkt an den Kontinent Asien. Die Grenze von Europa zu Asien bilden das Uralgebirge und der Uralfluss in Russland. Nach Australien ist Europa der zweitkleinste Kontinent.

Großlandschaften und Großgliederung

Von der Landhöhe her lässt sich Europa in drei Großlandschaften einteilen. „Tiefland" werden Gebiete mit einer Höhe bis zu 200 m genannt. „Mittelgebirge" sind Gebiete zwischen 200 m und 2 000 m Höhe. Hochgebirge erreichen eine Höhe von über 4 000 m. Man kann Europa aber auch anhand der Himmelsrichtungen gliedern: Nordeuropa, Osteuropa, Westeuropa, Mitteleuropa, Südeuropa und Südosteuropa.

1 *Umkreise auf der Plakatkarte die Staaten Europas, die deiner Meinung nach in einer Großgliederung zusammen erfasst werden mit der in den folgenden Kästchen angegebenen Farbe. Achtung: Eine genaue Zuordnung der Staaten ist nicht immer eindeutig.*

Nordeuropa (blau)	Westeuropa (grün)	Mitteleuropa (orange)
Osteuropa (gelb)	Südeuropa (schwarz)	Südosteuropa (braun)

2 *Beschrifte deine Großgliederung mit den in den Kästchen genannten Begriffen.*

Plakataufgaben:

1. Schneide die Plakatkarte aus, klebe sie auf dein Lernplakat und male die Bundesrepublik Deutschland mit einem roten Stift aus.
2. Schreibe die Nachbarländer Deutschlands mit einer passenden Überschrift neben die Plakatkarte. Beginne im Norden und gehe im Uhrzeigersinn weiter (O/S/W). Eine Europakarte in deinem Atlas hilft dir dabei.
3. Beschrifte mithilfe einer physischen Atlaskarte von Europa die auf der Plakatkarte eingezeichneten Meere (a–e) und Gebirge (A–C). Male die Meere anschließend mit einem blauen Stift und die Gebirge mit einem braunen Stift an.

Die Europäische Union

Die Flagge der Europäischen Union (EU) zeigt einen Kreis aus zwölf goldenen Sternen auf blauem Grund. Der Kreis der Sterne (deren Anzahl nicht die Zahl der Mitgliedstaaten der EU widerspiegelt) soll die Geschlossenheit der europäischen Länder darstellen. Die Sterne sind dabei ein Symbol für die Werte der Einheit, der Solidarität und der Harmonie zwischen den europäischen Völkern.

Male die Europäische Flagge wie oben beschrieben aus.

Die EU gibt es seit 1993. Vorgänger waren die Montanunion, eine Gemeinschaft für Kohle und Stahl aus dem Jahr 1951, und die Europäische Wirtschaftsgemeinschaft (EWG) aus dem Jahr 1958. Die sechs Gründungsstaaten der EU sind Italien, Deutschland, Belgien, Frankreich, Niederlande und Luxemburg. Heute sind mittlerweile insgesamt 27 Länder Mitglied der Europäischen Union. Wichtige Entscheidungen der EU waren im Jahr 1995 das Schengener Abkommen, das die Grenzkontrollen innerhalb der EU-Staaten aufhob, und im Jahr 2002 die Einführung des Euro als einheitliches Zahlungsmittel in vielen Mitgliedstaaten der EU.

Plakataufgaben:

1. Male auf der Europakarte unten alle Mitgliedstaaten der EU mit einem grünen Stift aus. Eine Karte der EU in deinem Atlas oder das Internet können dir dabei helfen.
2. Schneide die Europäische Flagge und die Karte unten aus, klebe sie zusammen auf dein Lernplakat und finde dafür eine passende Überschrift.

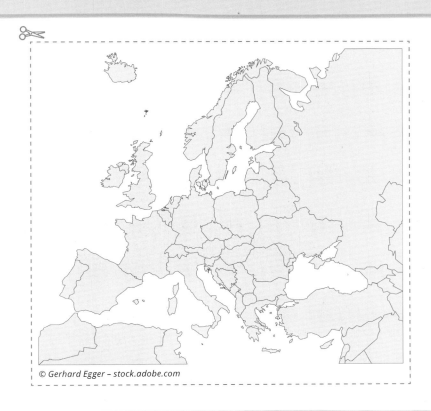

© Gerhard Egger – stock.adobe.com

Mobilität in Europa

Die europäischen Autobahnen sind ein wichtiger Teil der Mobilität in Europa. Lastwagen transportieren auf den Autobahnen Güter zur Versorgung und legen dabei lange Strecken zurück. Ob Tomaten aus den Niederlanden, Erdbeeren aus Spanien, Orangen aus Süditalien oder Wein aus Frankreich: alle Waren müssen schnellstmöglich zum Verbraucher gebracht werden. Auch Urlauber können mit dem Auto oder Bus von Deutschland aus relativ schnell nach Schweden zum Wandern, nach Österreich zum Skifahren, an die polnische Ostsee zum Segeln und an die Küste Kroatiens zum Baden reisen.

1 *Miss auf einer physischen Europakarte in deinem Atlas mit einem Lineal die Entfernungen zu den im Text genannten Ländern nach Deutschland. Nimm dabei jeweils die Hauptstadt der Länder als Messpunkt und achte auf den Maßstab der Karte. Trage deine Ergebnisse in die Tabelle ein.*

Strecke	Entfernung (in km)
Niederlande – Deutschland	
Spanien – Deutschland	
Süditalien – Deutschland	
Frankreich – Deutschland	
Schweden – Deutschland	
Österreich – Deutschland	
Polen – Deutschland	
Kroatien – Deutschland	

2 *Tausche dich mit deinem Partner aus und sammelt europäische Länder (außer Deutschland), in denen ihr schon Urlaub gemacht habt. Aus welchem Grund habt ihr das jeweilige Land besucht (z. B. zum Skifahren, zum Baden etc.)?*

Plakataufgaben:

1 Die folgenden Abbildungen zeigen die Kfz-Kennzeichen von sechs europäischen Ländern. Schneide die Kennzeichen aus und klebe sie mit einer passenden Überschrift auf dein Lernplakat.

2 Schreibe in jedes Kennzeichen den dazugehörigen Ländernamen. Der Text oben hilft dir dabei.

Rohstoffe und Energie aus Meer und Boden

Die Weltmeere sind ein riesiger Rohstoff- und Energielieferant. Windkraftanlagen und Wasserkraftwerke nutzen Windkraft und die Energie des Wassers zur Stromerzeugung. Außerdem werden die Rohstoffe Erdöl und Erdgas aus dem Meeresboden gefördert. Auch Eisen sowie Braun- und Steinkohle kommen in vielen Staaten Europas vor und waren jahrzehntelang der Antrieb für die europäische Wirtschaft.

1 Suche in deinem Atlas auf einer Wirtschaftskarte von Europa nach Erdöl- und Erdgasvorkommen. In welchen Ländern kommen diese Rohstoffe vor? Trage fünf Länder in die Tabelle unten ein.

2 Suche auf deiner Atlaskarte auch nach Eisen- und Kohlevorkommen. Trage jeweils fünf Länder, in denen diese Rohstoffe vorkommen, an der entsprechenden Stelle in die Tabelle ein.

3 Suche auf deiner Atlaskarte einen weiteren Bodenschatz, der in mehreren europäischen Ländern vorkommt. Ergänze diesen Rohstoff und fünf Länder, in denen er vorkommt, in der Tabelle.

Rohstoff	Länder	Rohstoff	Länder
Erdöl		Steinkohle	
Erdgas		Braunkohle	
Eisen			

Plakataufgaben:

1 Schneide die Tabelle aus und klebe sie zusammen mit einer passenden Überschrift auf dein Lernplakat.

2 Zeichne in die Tabelle unter jeden Rohstoff das in der Legende auf deiner Atlaskarte angegebene Symbol in der jeweils richtigen Farbe ein.

3 Suche auf der Wirtschaftskarte in deinem Atlas nach Wasserkraftwerken. Verorte drei Wasserkraftwerke auf der Europakarte auf deinem Lernplakat, indem du an der entsprechenden Stelle auf der Karte das jeweilige Symbol dafür einzeichnest.

Unser Kontinent Europa

Sehenswürdigkeiten in Europa

In vielen europäischen Großstädten gibt es einzigartige Sehenswürdigkeiten.

Ordne die folgenden Aussagen den Bildern zu. Trage dazu die richtige Zahl in das leere Kästchen ein.

① In Paris steht der Eiffelturm, ein 300 m hohes Stahlgebäude.
② Das Atomium in Brüssel besteht aus neun Kugeln, die durch Röhren miteinander verbunden sind.
③ Im kleinen Staat Vatikan steht die wohl berühmteste Kirche der Welt: der Petersdom.
④ Die Basilius-Kathedrale in Moskau ist das Wahrzeichen der Stadt und ein vielbesuchter Ort.
⑤ In Kopenhagen sitzt die Statue der „Kleinen Meerjungfrau" direkt am Hafen.
⑥ Im Buckingham Palace in London residiert die englische Königin.
⑦ Seit der Wiedervereinigung Deutschlands kann man in Berlin wieder durch das Brandenburger Tor gehen.
⑧ Amsterdam ist bekannt für seine Grachten. Das sind künstlich angelegte Wasserstraßen, die durch die gesamte Stadt führen.
⑨ Eine weitere Stadt „unter" Wasser ist Venedig. Sie ist vor allem für ihre vielen Brücken bekannt. Die bekannteste davon ist die Rialtobrücke.

© adisa – stock.adobe.com

© aallm – stock.adobe.com

© Ekaterina Belova – stock.adobe.com

© dudlajzov – stock.adobe.com

© nemez210769 – stock.adobe.com

© Silver – stock.adobe.com

© TTstudio – stock.adobe.com

© Claude Coquilleau – stock.adobe.com

© Mistervlad – stock.adobe.com

Plakataufgaben:

① Schneide die obigen Bilder aus und klebe sie zusammen mit einer passenden Überschrift auf dein Lernplakat.
② Verorte die abgebildeten Sehenswürdigkeiten auf der Europakarte auf deinem Lernplakat, indem du die jeweilige Zahl in das entsprechende Land auf der Karte schreibst. Eine Europakarte in deinem Atlas kann dir dabei helfen.

Sprachen und Kulturen in Europa

In Europa gibt es 24 Amtssprachen. Daneben wird eine Vielzahl an Dialekten und Minderheitensprachen gesprochen, sodass in Europa über 150 Sprachen bestehen.

1 Welche Sprache ist es? Ordne die einzelnen Begrüßungen ihrer richtigen Sprache zu, indem du die jeweilige Zahl in das dazugehörige Kästchen schreibst. Wenn du dabei Hilfe brauchst, kann dir das Internet helfen.

☐ Schwedisch   ① ¡Hola!   ☐ Niederländisch   ⑥ Hello!
☐ Englisch   ② Ahoj!   ☐ Polnisch   ⑦ Merhaba!
☐ Französisch   ③ Ciao!   ☐ Spanisch   ⑧ Salut!
☐ Griechisch   ④ Cześć!   ☐ Tschechisch   ⑨ Γειά σου!
☐ Italienisch   ⑤ Hallå!   ☐ Türkisch   ⑩ Hallo!

2 Schaue dir die folgenden Länderumrisse und ihre Flaggen an. Ergänze das gesuchte Land neben der jeweiligen Abbildung.

3 Viele Kulturen haben typische Spezialitäten. Schreibe das Essen, das du mit dem jeweiligen Land verbindest, ebenfalls neben die dazugehörige Abbildung.

Plakataufgaben:

1 Schneide die obige Tabelle aus und klebe sie mit einer passenden Überschrift auf dein Lernplakat.

2 Ergänze jeweils noch, wie man sich in dem betreffenden Land begrüßt.

Unser Kontinent Europa

Plakatkarten

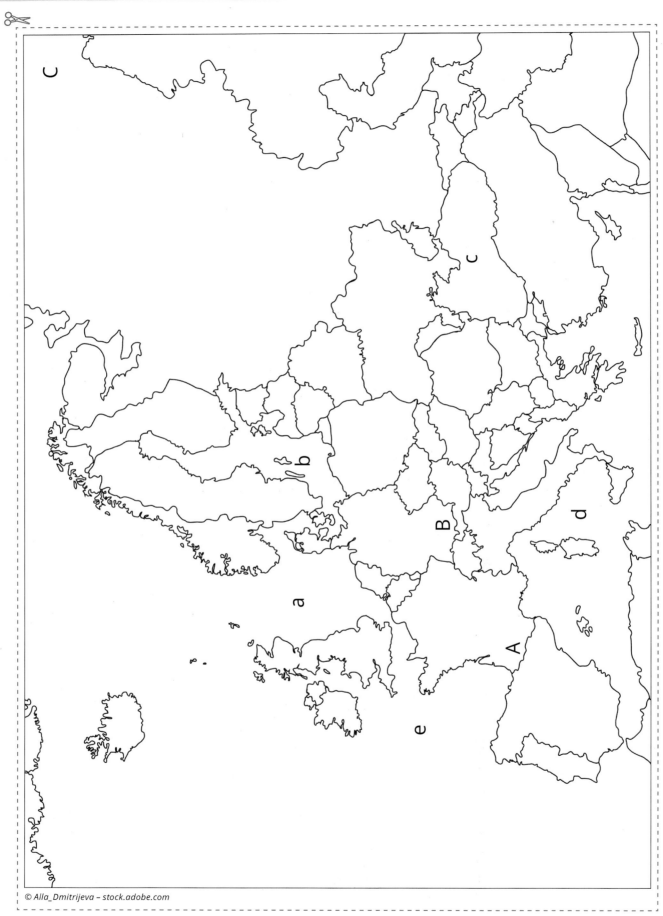

76 — Unser Kontinent Europa

Lösungen

So in etwa könnte das Lernplakat aussehen:

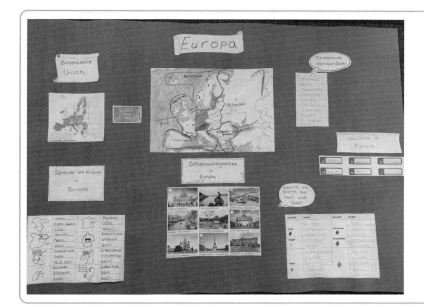

Über diesen QR-Code ist das Foto farbig abrufbar:

Wo liegt Europa?

Lösung siehe Lernplakat

Die Europäische Union

Lösung siehe Lernplakat

Mobilität in Europa

1

Strecke	Entfernung (in km)
Niederlande – Deutschland	ca. 580 km
Spanien – Deutschland	ca. 1 870 km
Süditalien – Deutschland	ca. 1 190 km
Frankreich – Deutschland	ca. 880 km
Schweden – Deutschland	ca. 810 km
Österreich – Deutschland	ca. 520 km
Polen – Deutschland	ca. 520 km
Kroatien – Deutschland	ca. 770 km

2 Individuelle Lösungen

Lösungen

Rohstoffe und Energie aus Meer und Boden

1 bis 3

Rohstoff	Länder	Rohstoff	Länder
Erdöl grüne Raute **Erdgas** pinke Raute	Norwegen	**Steinkohle** schwarze Raute **Braunkohle** braune Raute	Polen
	Großbritannien		Ungarn
	Niederlande		Serbien
	Deutschland		Großbritannien
	Spanien		Tschechien
Eisen blaue Raute	Bosnien-Herzegowina	**Gold** gelbe Raute	Slowakei
	Bulgarien		Serbien
	Österreich		Rumänien
	Rumänien		Finnland
	Slowakei		Schweden

Sehenswürdigkeiten in Europa

© adisa – stock.adobe.com

© aallm – stock.adobe.com

© Ekaterina Belova – stock.adobe.com

© dudlajzov – stock.adobe.com

© nemez210769 – stock.adobe.com

© Silver – stock.adobe.com

© TTstudio – stock.adobe.com

© Claude Coquilleau – stock.adobe.com

© Mistervlad – stock.adobe.com

Sprachen und Kulturen in Europa

1

- ⑤ Schwedisch
- ⑥ Englisch
- ⑧ Französisch
- ⑨ Griechisch
- ③ Italienisch

- ① ¡Hola!
- ② Ahoj!
- ③ Ciao!
- ④ Cześć!
- ⑤ Hallå!

- ⑩ Niederländisch
- ④ Polnisch
- ① Spanisch
- ② Tschechisch
- ⑦ Türkisch

- ⑥ Hello!
- ⑦ Merhaba!
- ⑧ Salut!
- ⑨ Γειά σου!
- ⑩ Hallo!

Lösungen

2 und **3**

	Land: Italien **Essen:** Pizza, Nudeln **Begrüßung:** Ciao!		**Land:** Frankreich **Essen:** Baguette, Quiche, Crêpe, Croissant **Begrüßung:** Salut!
	Land: Spanien **Essen:** Paella, Tortilla **Begrüßung:** ¡Hola!		**Land:** Deutschland **Essen:** Weißwurst, Currywurst, Kartoffeln, Sauerkraut **Begrüßung:** Hallo
	Land: Griechenland **Essen:** Gyros, Feta-Käse, Tzatziki **Begrüßung:** Γειά σου!		**Land:** Großbritannien **Essen:** Fish and Chips, Sandwich **Begrüßung:** Hello!
	Land: Schweden **Essen:** Köttbullar, Knäckebrot **Begrüßung:** Hallå!		**Land:** Niederlande **Essen:** Pommes, Käse, Bitterballen **Begrüßung:** Hallo!

Unser Kontinent Europa

Welche Klimazonen gibt es?

Der Äquator ist der Breitenkreis, der die Erde in zwei Halbkugeln unterteilt: die Nord- und die Südhalbkugel. Auf ihm hat man 0° Breite festgelegt. Nördlich und südlich des Äquators gibt es jeweils 90 weitere Breitenkreise. Die beiden Pole, nämlich der Nordpol und der Südpol, liegen entsprechend auf 90° nördlicher bzw. südlicher Breite. Zwischen den beiden Polen und dem Äquator gibt es fünf große Klimazonen. Vom Nord- und Südpol aus gesehen sind das jeweils die Polare Zone, die Subpolare Zone, die Gemäßigte Zone, die Subtropische Zone und die Tropische Zone. Bei ca. 66,5° nördlicher bzw. südlicher Breite erstreckt sich die Polare Zone bis zu den Polen. Die Tropische Zone befindet sich rund um den Äquator. Dass es die unterschiedlichen Klimazonen gibt, liegt an der Erdachse, die um etwa 23,5° geneigt ist. Dadurch strahlt die Sonne nicht überall mit gleicher Intensität auf die Erde. Grundsätzlich gilt aber: an den Polen ist es kalt, am Äquator ziemlich warm.

Beschrifte die Plakatkarte mit den Begriffen Nordpol, Südpol, Äquator, Erdachse sowie den fünf im Text genannten Klimazonen.

Plakataufgaben:

1. Schneide die Plakatkarte aus, klebe sie auf dein Lernplakat und male die unterschiedlichen Klimazonen folgendermaßen aus: Polare Zone – blau, Subpolare Zone – gelb, Gemäßigte Zone – grün, Subtropische Zone – orange, Tropische Zone – rot
2. Ordne die Bilder unten den einzelnen Klimazonen zu. Schreibe dazu die Nummer des Bildes in die dazugehörige Klimazone auf deinem Lernplakat. Vielleicht musst du auch erst die Aufgaben auf den anderen Arbeitsblättern lösen, bevor dir das gelingt.
3. Schneide die Bilder anschließend einzeln aus und klebe sie in der Nähe der jeweiligen Klimazone auf dein Plakat.

© Goinyk Volodymyr – stock.adobe.com

© GrishaN – shutterstock.com

© Fexel – shutterstock.com

© Christopher Boswell – stock.Adobe.com

© Studio Light & Shade – stock.adobe.com

Klimazonen der Erde

Unser Klima – Gemäßigte Zone

Deutschland liegt in der Gemäßigten Zone. Hier ist das Klima – wie der Name schon sagt – „gemäßigt". Das bedeutet, es wird niemals ganz besonders kalt oder ganz besonders heiß. Unsere Winter sind mild und meist feucht, die Sommer sind warm und auch in den Sommermonaten gibt es Niederschläge. Die Temperaturen der Gemäßigten Zone liegen im Winter um den Gefrierpunkt und im Sommer durchschnittlich bei etwa 20 °C. Die Gemäßigte Zone ist auf der Nordhalbkugel und auf der Südhalbkugel die Zone zwischen der Subpolaren und der Subtropischen Zone. Sie liegt zwischen 40° und 55° nördlicher sowie südlicher Breite. Ein Merkmal der Gemäßigten Zone sind die vier ausgeprägten Jahreszeiten Frühling, Sommer, Herbst und Winter.

Ergänze die Tabelle. Der Text oben hilft dir dabei.

Name	Temperatur Winter	Temperatur Sommer	Merkmal dieser Zone	Lage im Gradnetz
Gemäßigte Zone				

Plakataufgaben:

1. Fülle den folgenden Steckbrief zu den verschiedenen Jahreszeiten in Deutschland aus. Beschreibe dabei die Dauer der jeweiligen Jahreszeit (Monate: von – bis) und die Tageslänge. Nutze bei deiner Beschreibung außerdem die folgenden Stichwörter: *blühen, kalt, baden, ernten, Blätter, warm, Schnee.*

2. Schneide sowohl die Tabelle als auch den Steckbrief aus, klebe sie zusammen auf dein Lernplakat und finde eine passende Überschrift.

Frühling: _____

Sommer: _____

Herbst: _____

Winter: _____

Subtropische Zone

Viele bei uns beliebte Nahrungsmittel kommen aus den Subtropen. Besonders Orangen, Zitronen oder Oliven wachsen in der Zone zwischen der Gemäßigten Zone und den Tropen. Ein Merkmal der Subtropischen Zone ist, dass sie sich in drei klimatische Typen einteilen lässt: Trockenheiße Sommer und milde, feuchte Winter bestimmen das Klima der **winterfeuchten Subtropen** rund um das Mittelmeer. In Ostasien, Ost-Australien und an der Ostküste der USA fällt im Sommer deutlich mehr Regen. Hier handelt es sich um die **immerfeuchten Subtropen**. In den **trockenen Subtropen** ist es ganzjährig trocken. Außer extrem angepassten Pflanzen wie Kakteen wächst dort fast nichts. In dieser Zone finden sich auch große Wüsten wie die Sahara in Nordafrika, die Atacama im Norden Chiles oder die Namib an der Westküste Afrikas. Die Subtropen liegen zwischen 23,5° und 40° nördlicher sowie südlicher Breite. Die Temperaturen betragen im Jahresdurchschnitt zwischen 18 °C und 22 °C. Im Sommer werden in den subtropischen Gebieten Temperaturen von 20 °C bis 50 °C gemessen, im Winter kann nahezu überall Frostwetter mit Temperaturen um den Gefrierpunkt auftreten.

Ergänze die Tabelle. Der Text oben hilft dir dabei.

Name	Temperatur Winter	Temperatur Sommer	Merkmal dieser Zone	Lage im Gradnetz
Subtropische Zone				

Plakataufgaben:
1. Schneide die Bilder unten einzeln aus und klebe sie auf dein Lernplakat.
2. Ordne die Bilder den im Text beschriebenen Subtropen-Typen zu und beschrifte sie.
3. Schneide auch die Tabelle aus, klebe sie zu den Bildern auf dein Plakat und finde eine passende Überschrift.

© Juliana Swenson – stock.adobe.com

© Georgios Alexandris – stock.adobe.com

© ballllad – stock.adobe.com

Klimazonen der Erde

Tropische Zone

Die Tropische Zone liegt nördlich und südlich vom Äquator bis 23,5° Breite. Ein Merkmal dieser Zone ist, dass die Sonne hier das ganze Jahr über gleichmäßig scheint. Es gibt daher keine Jahreszeiten. Dieses Klima nennt man Tageszeitenklima. Unterschieden wird dabei in Trockenzeiten und Regenzeiten in der Savanne und im Monsunwald. Im tropischen Regenwald gibt es von Tag zu Tag fast keine Unterschiede. Die Sonne geht täglich gegen 6 Uhr morgens auf und gegen 18 Uhr abends wieder unter. Dazwischen kommt es zu Wolkenbildung und Gewittern. In der Regenzeit regnet es täglich zur gleichen Uhrzeit. Die Temperaturen in den Tropen liegen ganzjährig bei etwa 25 °C und fallen auch im kältesten Monat nicht unter 18 °C.

1 *Nutze deinen Atlas und suche jeweils fünf Länder, in denen es Savannen und Tropischen Regenwald gibt. Schreibe sie auf. Eine Karte der Vegetation der Erde hilft dir dabei.*

Tropischer Regenwald: _____

Savanne: _____

2 *Ergänze die Tabelle. Der Text oben hilft dir dabei.*

Name	Temperatur Winter	Temperatur Sommer	Merkmal dieser Zone	Lage im Gradnetz
Tropische Zone				

Plakataufgaben:

1 Die Abbildung unten veranschaulicht das Tageszeitenklima im tropischen Regenwald. Schneide die Abbildung aus, klebe sie auf dein Lernplakat und beschreibe darunter mit eigenen Worten, was darauf zu sehen ist.

2 Schneide auch die Tabelle aus, klebe sie zu der Abbildung auf dein Plakat und finde eine passende Überschrift.

Klimazonen der Erde

Subpolare Zone

Die Subpolare Zone ist auf der Nordhalbkugel und auf der Südhalbkugel die Zone zwischen der Polaren Zone und der Gemäßigten Zone. Sie liegt zwischen 55° und 66,5° nördlicher sowie südlicher Breite. Die Subpolare Zone zeichnet sich durch lange, trockene Winter mit durchschnittlich ca. −20 °C aus sowie kurze Sommer, in denen die Temperaturen nur in drei bis vier Monaten über dem Gefrierpunkt liegen. Im wärmsten Monat hat es im Durschnitt etwa 10 °C. Ein Wachstum von Bäumen ist bei diesen Temperaturen nicht mehr möglich. Es wachsen daher vor allem Pflanzen wie Zwergsträucher, Gräser, Moose und Flechten. Diese subpolare Graslandschaft wird als Tundra bezeichnet.

1 *Vergleiche unser Klima (Frankfurt am Main, Deutschland) mit dem in Baker Lake (Kanada). Welche Gemeinsamkeiten kannst du ablesen? Wo gibt es Unterschiede? Wie lange dauern Winter und Sommer jeweils? Wann regnet es in den beiden Gebieten am meisten? Notiere deine Ergebnisse.*

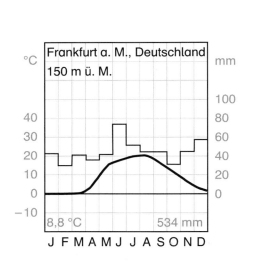
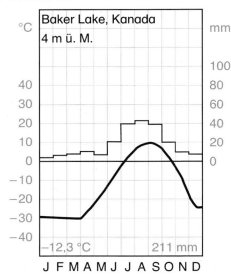

2 *Ergänze die Tabelle. Der Text oben hilft dir dabei.*

Name	Temperatur Winter	Temperatur Sommer	Merkmal dieser Zone	Lage im Gradnetz
Subpolare Zone				

Plakataufgaben:

1 Schneide die Tabelle aus, klebe sie auf dein Lernplakat und finde eine passende Überschrift.

2 Suche im Atlas auf einer physischen Karte der Erde fünf Länder, die (teilweise) in der Subpolaren Zone liegen und schreibe sie unter die Tabelle auf dein Plakat.

Klimazonen der Erde

Polare Zone

Auf 66,5° nördlicher bzw. südlicher Breite befindet sich der nördliche bzw. südliche Polarkreis. Von den Polarkreisen bis zu den beiden Polen erstreckt sich die Polare Zone. Die Temperaturen in der Polaren Zone liegen im Winter durchschnittlich bei etwa –20 °C und auch im Sommer wird es nur wenige Tage wärmer als 0 °C. Die dauerhaft tiefen Temperaturen machen diese Zone zu einer Eiswüste. Ein besonderes Merkmal der Polaren Zone ist der Polartag bzw. die Polarnacht. Diese werden durch die Neigung der Erdachse um ca. 23,5° verursacht. Die Schräglage der Erde sorgt dafür, dass immer nur ein Pol von der Sonne angestrahlt wird. Das heißt, wenn es am Nordpol hell ist, ist es am Südpol dunkel und umgekehrt. Am 21. Juni steht die Sonne am nördlichen Polarkreis so lange über dem Horizont, dass sie überhaupt nicht untergeht. Es ist also 24 Stunden lang Tag (Polartag). Am südlichen Polarkreis geht die Sonne am 21. Juni dagegen überhaupt nicht auf. Es ist also den ganzen Tag dunkel (Polarnacht). Am 21. Dezember ist es dagegen genau umgekehrt: Die Sonne geht am nördlichen Polarkreis überhaupt nicht auf und am südlichen Polarkreis überhaupt nicht unter. Je näher man zu einem der beiden Pole kommt, desto länger werden Polartag und Polarnacht. Am Nordpol und am Südpol dauern sie jeweils bis zu sechs Monate.

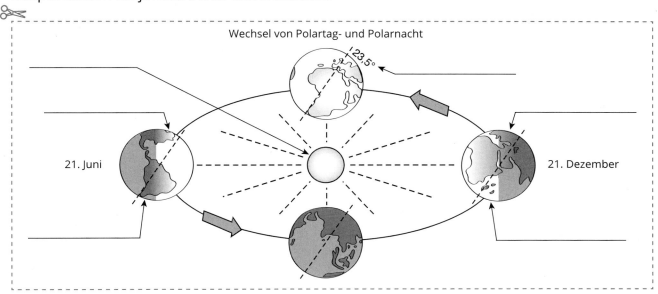

Ergänze die Tabelle. Der Text oben hilft dir dabei.

Name	Temperatur Winter	Temperatur Sommer	Merkmal dieser Zone	Lage im Gradnetz
Polare Zone				

Plakataufgaben:

1. Beschrifte die obige Abbildung mit den folgenden Begriffen: *Polartag, Polarnacht, Sonne, Erdneigung*.
2. Schneide die Abbildung und die Tabelle aus, klebe sie zusammen auf dein Lernplakat und finde eine passende Überschrift.
3. Male nun alle Tabellen auf deinem Plakat in der auf dem Arbeitsblatt „Welche Klimazonen gibt es?" vorgegebenen Farbe für die jeweilige Klimazone aus.

Plakatkarten

≈ 55°
90°
≈ 23,5°
≈ 66,5°
≈ 40°
≈ 40°
0°
≈ 66,5°
≈ 23,5°
≈ 55°
90°

Klimazonen der Erde

Lösungen

So in etwa könnte das Lernplakat aussehen:

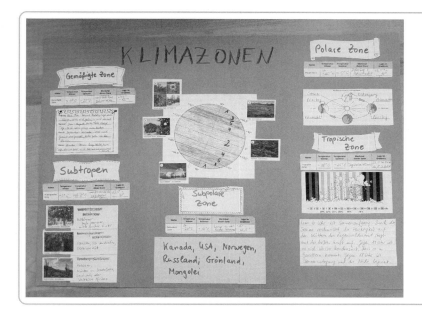

Über diesen QR-Code ist das Foto farbig abrufbar:

Welche Klimazonen gibt es?

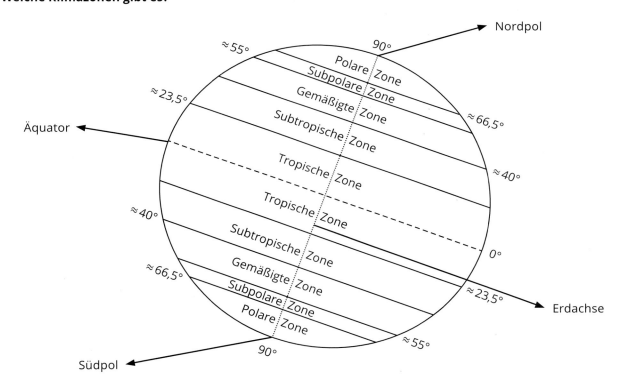

Klimazonen der Erde

Lösungen

Unser Klima – Gemäßigte Zone

Name	Temperatur Winter	Temperatur Sommer	Merkmal dieser Zone	Lage im Gradnetz
Gemäßigte Zone	ca. 0 °C	ca. 20 °C	vier Jahreszeiten (Frühling, Sommer, Herbst, Winter)	zwischen 40° und 55° nördlicher sowie südlicher Breite

Subtropische Zone

Name	Temperatur Winter	Temperatur Sommer	Merkmal dieser Zone	Lage im Gradnetz
Subtropische Zone	ca. 0 °C	20 °C bis 50 °C	drei klimatische Typen: winterfeuchte, immerfeuchte und trockene Subtropen	zwischen 23,5° und 40° nördlicher sowie südlicher Breite

Tropische Zone

1 Tropischer Regenwald: z. B. Indien, Borneo, Neuguinea, Brasilien, Philippinen
Savanne: z. B. Kenia, Indien, Australien, Südafrika, Namibia

2

Name	Temperatur Winter	Temperatur Sommer	Merkmal dieser Zone	Lage im Gradnetz
Tropische Zone	ca. 18 °C	ca. 25 °C	keine Jahreszeiten, sondern Tageszeitenklima	bis 23,5° nördlicher sowie südlicher Breite

Subpolare Zone

1 Gemeinsamkeiten: es gibt in beiden Orten einen Sommer und einen Winter
Unterschiede: in Baker Lake sind Winter (bis zu –30 °C) und Sommer (bis max. 10 °C) deutlich kälter als in Frankfurt am Main
Winter: in Frankfurt a. M. von Dezember bis März; in Baker Lake von November bis Juni
Sommer: in Frankfurt a. M. von Juni bis August; in Baker Lake etwa von Juli bis August
Regen: in beiden Gebieten regnet es im Sommer am meisten

2

Name	Temperatur Winter	Temperatur Sommer	Merkmal dieser Zone	Lage im Gradnetz
Subpolare Zone	ca. –20 °C	ca. 10 °C	lange, trockene Winter und kurze Sommer	zwischen 55° und 66,5° nördlicher sowie südlicher Breite

Polare Zone

Name	Temperatur Winter	Temperatur Sommer	Merkmal dieser Zone	Lage im Gradnetz
Polare Zone	ca. –20 °C	ca. 0 °C	Polartag und Polarnacht	zwischen 66,5° und 90° nördlicher sowie südlicher Breite